BEATRIZ MILLAR

BEATRIZ MILLAR

CHARTA

Progetto grafico/Design
Gabriele Nason

Coordinamento redazionale/Editorial Coordination
Emanuela Belloni
Elena Carotti

Redazione/Editing
Giorgia Kapatsoris
Emily Ligniti

Traduzione/Translation
Judith Mundell

Copy e ufficio stampa/Copywriting and Press Office
Silvia Palombi Arte&Mostre, Milano

Grafica Web e promozione on-line
Web Design and Online Promotion
Barbara Bonacina

Copertina/Cover
Red Lips: I'm the thought, *2003*

Retro di copertina/Back Cover
Towervoices Numbers, *2001*

Referenze fotografiche/Photo credits
Augusto Rizza
Studio New Lab, Brescia

Ci scusiamo se per cause indipendenti dalla nostra volontà abbiamo omesso alcune referenze fotografiche.
We apologize if, due to reasons wholly beyond our control, some of the photo sources have not been listed.

Nessuna parte di questo libro può essere riprodotta o trasmessa in qualsiasi forma o con qualsiasi mezzo elettronico, meccanico o altro senza l'autorizzazione dei proprietari dei diritti e dell'editore.
No part of this publication may be produced, stored in a retrieval system or transmitted in any form or by any means without the prior permission in writing of copyright holders and of the publisher.

Edizioni Charta
via della Moscova, 27
20121 Milano
Tel. +39-026598098/026598200
Fax +39-026598577
e-mail: edcharta@tin.it
www.chartaartbooks.it

Printed in Italy

Beatriz Millar
BE(A) – BOP

Verona, Swinger Art Gallery
22 ottobre 2004 – 22 gennaio 2005
22 October 2004 – 22 January 2005

Con il patrocinio di/With the patronage of

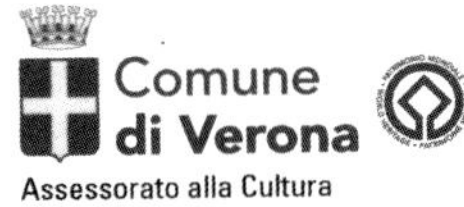

Questo libro è stato reso possibile grazie a
This book was made possible thanks to

Bank-Institut Schweiz B.I.S.

Swinger Art Gallery

Un particolare ringraziamento ai miei collezionisti
Special thanks to my collectors

Andrea Arcai
Luigi Arienti
Stefano Balestrieri
Claudio Bettini
Franco Bianchini
Bolten Bruni
Lucio Cabutti
Giancarlo Calcagni e Lorella Pagnucco Salvemini
Enrico Cammarota
Alessandro Carli e Maria Comboni
Alberto Cinquetti
Claudia Citroni
Ugo Colosio
Lino Corazzina
Mauro Corradini
Ambrogio Dalla Rovere
Massimo Della Monica e Herminghaus Dagmar
Massimo Di Carlo
Mario Dubbini
Paolo Elena
Kerstin Engstroem
Micaela e Mario Fioretti
Antonio Frigerio
Paolo Frugoni
Maria Elena Geruntino e Alberto Papillo
Franco Gianbenini
Marco e Claudia Gnutti
Gunnar Hallberg
Charlotte Heiss e Bob Lujken

Giuseppe e Gloria Isoli
Romana Loda
Nicola Loi
Fausto Lorenzi
Giampaolo Malsani
Daniele Manferdini
Pasquale Melucci
Germano e Gianna Merigo
Giuseppe Mongiello
Luigi Pavan
Vesna Saksida
Renato e Marina Scarpari
Monica Schnellmann
Doris Seigner
Michael Stadler
Monica Taeckenstroem
Matteo Tamburini
Pellegrino Taralli
Liliana Teblicek
Fabia Trentini
Franco e Ivana Vanzani
Carlo Verdelli
Rosalba Zanantoni

Ringrazio inoltre per la preziosa collaborazione
i miei assistenti di studio/I would like also to thank
my studio assistants for their precious collaboration

Sara Arcangeli
Michela Moreni

Sommario/Contents

Gabriella Belli   **The show goes on**

Il tempo dei modelli
Nel mondo dell'arte nessuno nasce libero da tentazioni, da modelli, da sguardi che lo portino a un confronto diretto e continuo con l'universo della creatività passata e presente. Nessuno nasce capace di superare, senza sperimentarla passo dopo passo, la fase iniziale delle incertezze, dei dubbi, delle opere "per caso", dei tentativi insomma che ne mettono alla prova la capacità d'avvaloramento e di rappresentazione della propria, personale visione del mondo attraverso gli strumenti dell'arte.
Chi nasce artista ben conosce quanto è difficile dare forma ed espressione alla creatività che urge dall'interno, spesso già in età precoce, quella sorta di alter ego che lo accompagna come una voce insistente e perentoria e lo incita al dovere del fare arte.
Anche per Beatriz Millar l'approdo alla sua attuale, personalissima cifra artistica, ha significato tutto questo. In poco meno di vent'anni la sua storia si è dipanata attraverso molteplici forme ed espressioni, linguaggi talvolta anche diversi, eppure sempre collegati tra loro da un *fil rouge* e tutti scelti come strumenti di precisione, capaci cioè di corrispondere ai passi, ora brevi ora lunghi, di quell'iniziazione all'arte che è appunto la vita saturnina degli artisti. In questa direzione, che esalta nel tempo dei modelli – nel tempo cioè dell'avvio al mestiere – la capacità di orientamento dell'artista nel "villaggio globale" dell'arte, è interessante ripercorrere i passi iniziali del suo lavoro, che in verità tutto o quasi contengono di quanto Beatriz Millar realizza e sperimenta oggi, nei lavori più recenti. È in particolare la scelta iniziale, su cui si fonda appunto la sua visione e la sua particolare rappresentazione del mondo, che merita una breve riflessione.
Così come già scritto da alcuni critici, e come del resto ampiamente confermato dall'artista, è l'area della ricerca internazionale pop che attrae fin dall'inizio la sua attenzione, proponendosi come un possibile passato di riferimento. Una scelta interessante per un'artista che nasce in un paese come la Svizzera, dove nel secondo dopoguerra si assiste al consolidarsi di quella tradizione astratto-geometrica che aveva avuto proprio negli svizzeri Johannes Itten e Max Bill alcuni degli interpreti più interessanti e propositivi del Novecento. Una scelta che va evidentemente letta più in sintonia con quell'anima alchemica, teosofica, si potrebbe dire anche steineriana, che a pieno diritto appartiene anch'essa alla Svizzera del dopoguerra, dove per certi aspetti evolvono le premesse del nichilismo dadaista, congiunte a quanto la vicina Francia, ma anche l'Italia, proprio nell'ambito dei nuovi linguaggi del *nouveau réalisme* – pensiamo a Jean Tinguely e a Niki de Saint-Phalle – realizza e sperimenta. Una ricerca che nasce sulla scia di un "nuovo approccio percettivo al reale", che tradisce la visione oggettiva per aprirsi a una sensibilità nuova per lo spirituale, ma anche per la riflessione sociologica e antropologica dell'arte. È una ricerca che approderà a esiti estremi, talvolta pure immateriali, certamente innovativa nello sperimentare

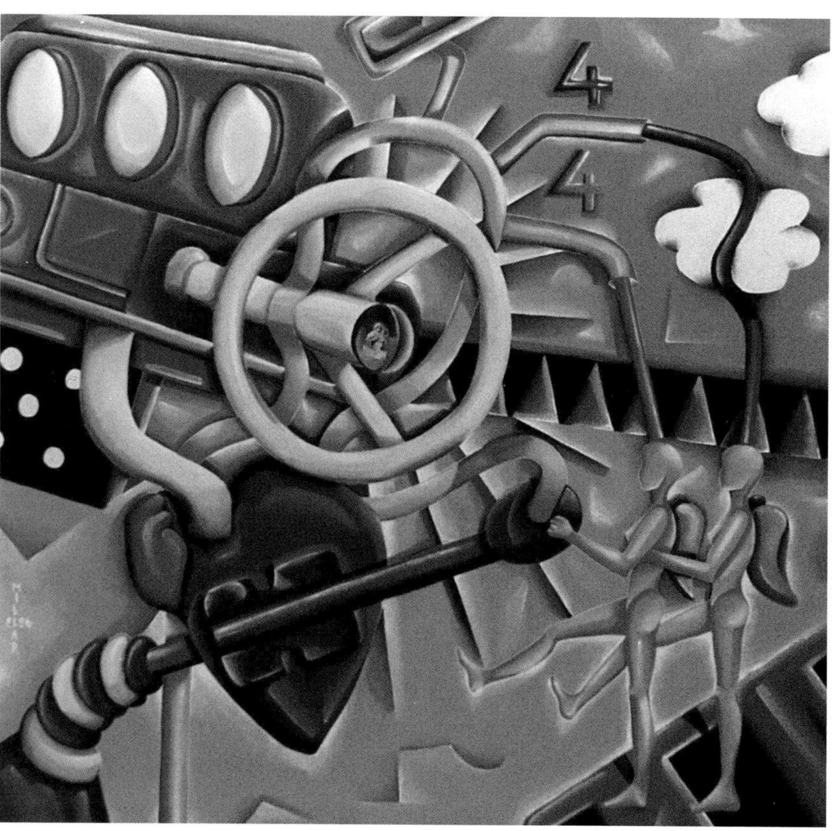

Heikhalot, 1996

Gabriella Belli

The Show Goes On

The Time of Models

In the art world nobody is born free of temptations, of models, of ways of looking that lead to a direct and continuous exchange with the universe of creativity, past and present. Everybody must gingerly feel their way through the initial phase of uncertainties, of doubts, of works produced "by chance," of attempts that by and large test one's capacity for confirmation and representation of an individual's own personal vision of the world through the medium of art.

Born artists know very well how difficult it is to give form and expression to the creativity that presses from within, often at a very young age–that kind of alter ego that accompanies them like an incessant and imperious voice spurring them on to do their duty and create art.

For Beatriz Millar as well, achieving her current, very personal artistic style meant all of this. In little under twenty years her story has unraveled through multiple forms and expressions and sometimes different styles, yet each connected with the others by a *fil rouge* and all chosen as tools of precision, able that is to correspond to the hesitant steps then strides, of that initiation into art that is precisely the gloomy lot of artists.

In the light of this looking to models, which initially helped the artist to get her bearings in the "global village" of art, it is interesting to trace the first steps of her work, which in truth contain all or almost all of what Beatriz Millar produces and experiments with in her most recent works.

And especially her first choice, upon which she founded her vision and particular representation of the world and which deserves a brief meditation.

Just as some critics have pointed out and which is anyway confirmed by the artist herself, it is the area of international Pop Art that attracts her attention from the very start, suggesting itself as a potential reference. An interesting choice for an artist born in a country like Switzerland where, after World War II, we saw a consolidation of that abstract-geometrical tradition, which found in the Swiss Johannes Itten and Max Bill two of the most interesting and inspirational artists of the twentieth century. A choice that should evidently be read as being more in tune with that alchemical, theosophical, one might even say Steinerian soul that, by rights, belongs to post-War Switzerland, where in some respects the premises of Dadaist nihilism linked to those of nearby France and Italy, evolve within the circles of what new styles of Nouveau Realism (think of Jean Tinguely and Niki de Saint-Phalle) are creating and experimenting. This work came in the wake of "a new perceptive approach to reality," which betrays the objective vision, to open up to a new sensitivity, leading to a spiritual but also sociological and anthropological reflection on art. It is work that will achieve extreme, sometimes even ethereal, results that are certainly innovative in some of the early video art experiments or Dadaist-inspired assemblages, and in the

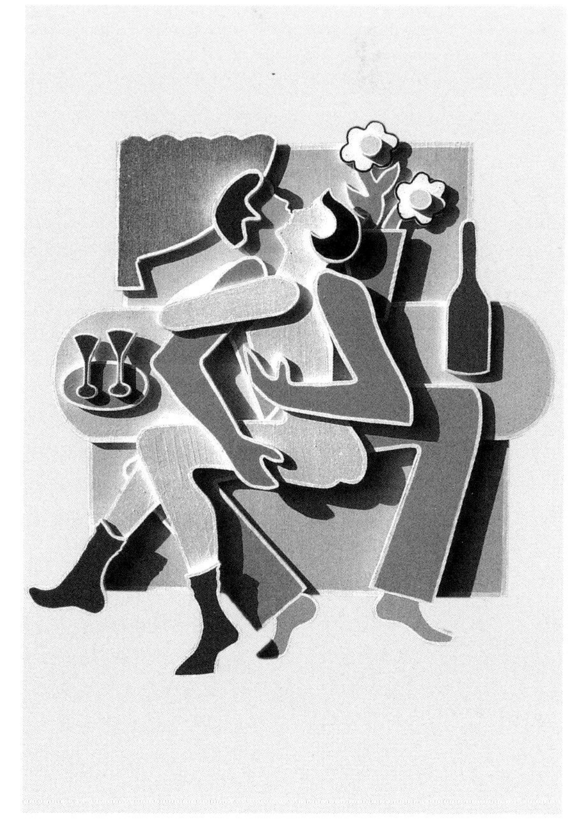

La vie en rose, 1996

alcune tra le prime esperienze di video-arte o gli *assemblages* di memoria dadaista, nel caso dei *noveaux réalistes* meno ironici e più virulenti nel significare il mondo dell'incertezza post-bellica degli anni Cinquanta e primi anni Sessanta. Ma accanto a queste ricerche, nell'identico clima di riposizionamento artistico dei nuovi simboli e dei nuovi valori di una società in rapido e profondo cambiamento, altrettanto importante contributo al rinnovamento dei linguaggi dell'arte venne dal gruppo dei pittori pop inglesi, quelli della primissima ora, di Hamilton, David Hockney, Allen Jones, (a torto spesso considerati dalla critica un tutt'uno con l'esperienza della pop americana). Ed è proprio dal loro lavoro che prende avvio l'opera di Beatriz Millar. Un punto di riferimento commisto naturalmente a quel sentire vagabondo che appartiene non a caso alla generazione degli Arman, e che nella giovane Millar prenderà forma in quel

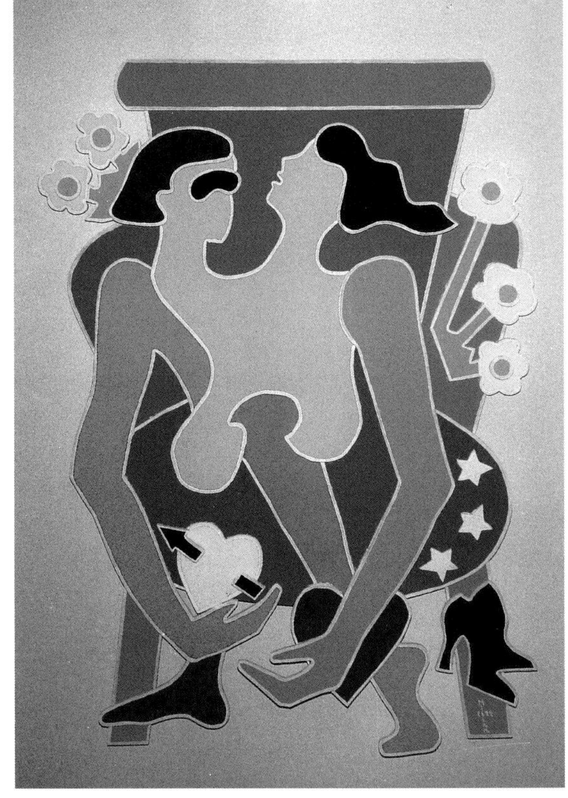

dubitare continuo e in quella melanconia che attraverserà tutto il suo lavoro. Come spiegare infatti, senza il ricorso alla poetica pop, la presenza nelle opere dipinte da Beatriz Millar agli inizi degli anni Novanta, di quella *Linea bianca*, quasi *cloissoné*, che contiene e perimetra con una nitidezza ossessiva i contorni delle forme colorate dipinte sulle levigate superfici dei suoi quadri? Come spiegare la preferenza per la bidimensionalità del racconto, dove tutto è ridotto al piano della tela o della tavola di legno, senza alcun cedimento alla descrizione plastica dei volumi? E, ancora, come spiegare la scelta narrativa delle sue opere, così legata alla cronaca quotidiana di eventi banali della vita, tale da essere immediatamente messa in relazione con quanto nel 1956 si vide nella famosa mostra alla Whitechapel Gallery di Londra a proposito in particolare di Hamilton e del suo famosissimo collage *Just What Is it That Makes Today's Homes So Different, So Appealing*? Indubbiamente dunque la definizione più volte adottata per spiegare il fenomeno pop, descritto appunto come arte "massificata, transitoria, facile, seriale, ingegnosa, sexy, suggestiva, commerciale" si può candidare perfettamente a interpretare anche il

Heart, 1994

"sistema dei segni" che Millar utilizza per rappresentare, all'inizio della sua carriera artistica, la sua personale idea del mondo e dell'arte. E non è insignificante che la precoce scelta di un modello di riferimento sia più conforme a quello della pop inglese (con qualche occhieggiamento al lavoro di Tom Wesselmann), che a quello americano, differendo il primo dal secondo, come è noto, per una maggiore, sicuramente più partecipata attenzione al segno negativo, che la società massificata andava introducendo nell'era tecnologia del secondo dopoguerra.

Stilisticamente è il realismo la formula tecnologica adottata anche da Beatriz Millar per partecipare al mondo la propria visione dell'arte e della vita, un realismo naturalmente forzato secondo i canoni della migliore pittura pop verso una formalizzazione assai vicina ai comics e alla sintesi grafica della comunicazione pubblicitaria. Un realismo che rimarrà, pur declinato in molteplici varianti, una caratteristica costante del suo lavoro, lo strumento perfetto per mettersi in relazione e in comunicazione con il suo pubblico. Un problema quest'ultimo di fondamentale importanza per l'artista svizzera, che rifiuta fin dai primi anni Novanta ogni tentazione criptica e simbolica del linguaggio artistico, preferendo semmai l'arguzia anche ironica della metafora, magari sollecitata da un pensiero o una frase scritta in calce sul retro della tela, poi, in epoca più recente, più manifesta sul verso stesso del quadro, a completare l'immagine fotografica o pittorica sulla superficie.

Alla metà degli anni Novanta, un ulteriore approfondimento sulle ricerche d'avanguardia del XX secolo porta Millar a un nuovo approdo, altrettanto stimolante per gli esiti della sua pittura. È l'approdo alla poetica del futurismo, forse sollecitato anche dal suo vivere in Italia, a Milano. Il passaggio è breve, ma intenso, e si avvale di una forte capacità riflessiva e innovativa di alcuni tra i temi e i motivi più noti e popolari della poetica futurista.

case of the Nouveau Realistes, less ironic and more virulent in representing the world of post-War uncertainty of the fifties and early sixties.

But alongside this work, in that same climate of artistic repositioning of the new symbols and new values of a society in rapid and deep transformation, an equally important contribution to the renewal of artistic styles comes from the very first wave of British Pop artists: Hamilton, David Hockney, Allen Jones (often wrongly considered by the critics to be one and the same thing as American Pop). And it is precisely their work that inspires Beatriz Millar's. A point of reference mingled naturally with that vagabond sentiment that belongs to the generation of Armans and which in the young Millar will meld into that constant doubting and melancholy vein that runs through all of her work.

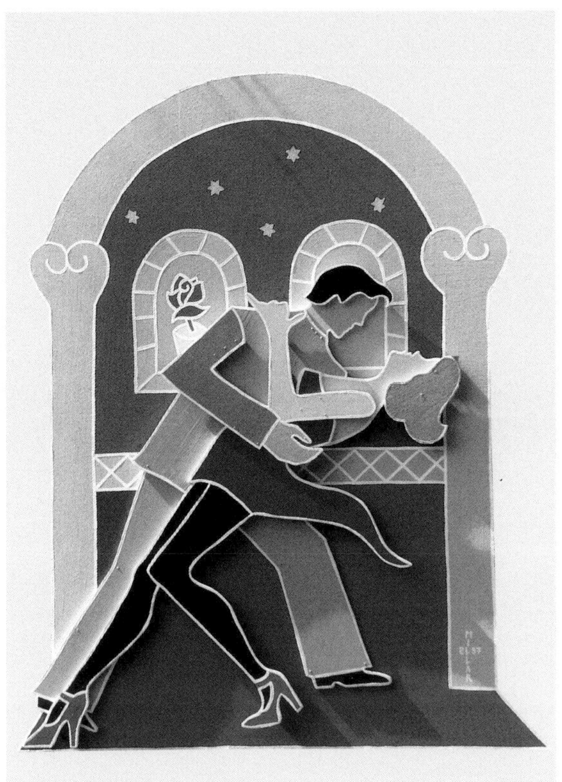

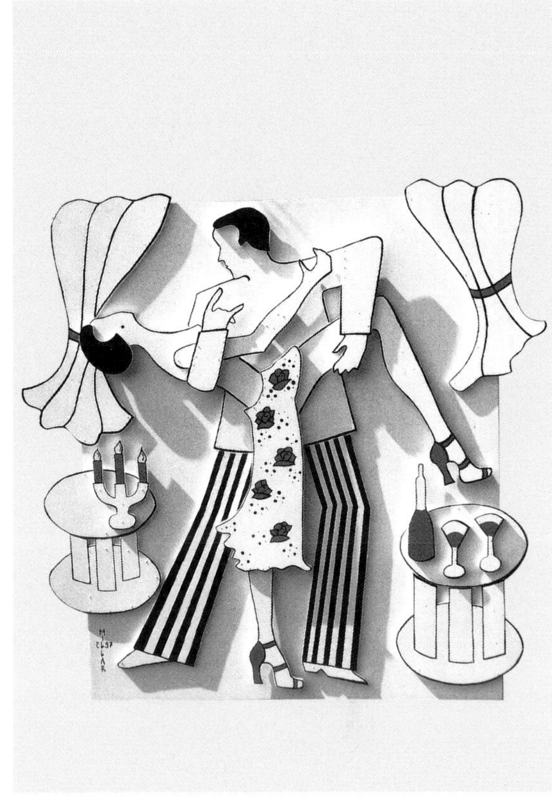

Indeed, how can one explain, without recourse to Pop poetics, the presence of works painted by Beatriz Millar at the beginning of the nineties, that almost *cloisonné Linea bianca*, which contains and confines with such obsessive clarity the edges of the colored shapes painted on the smooth surfaces of her paintings? How does one explain her preference for the two dimensionality of the tale, where everything is reduced to the plane of the canvas or the wooden board, without yielding to the sculptural expression of volumes? And more, how do we explain the narrative slant of her works, so closely linked to daily news stories, so much so as to be immediately associated with what we saw in 1956 in the famous exhibition at the Whitechapel Gallery and in particular Hamilton and his famous collage *Just What Is it That Makes Today's Homes So Different, So Appealing?*.

There is no doubt then that the definition that has most often been adopted to explain the Pop phenomenon, described as "massified, transitory, facile, serial, clever, sexy, evocative, commercial" art, can be perfectly applied to interpret the "sign system" that, at the start of her artistic career, Millar uses to represent her personal idea of the world and of art. And it is not insignificant that the precocious choice of a model of reference corresponds more to that of British Pop (with an eye on Tom Wesselmann's work) than American Pop, the first differing from the second, as we well know, due to a closer, and certainly more shared, attention to the negative sign, which the massified society was plugging in the technological era after World War II.

Stylistically, the formula Beatriz Millar adopts is realism in order to share with the world her own vision of art and life, a naturally forced realism according to the canons of the best Pop Art towards a formulation that somewhat resembles comics and the graphic synthesis of advertising. A realism that will remain, though declined in many variants, a constant characteristic in her work, the perfect instrument for connecting and

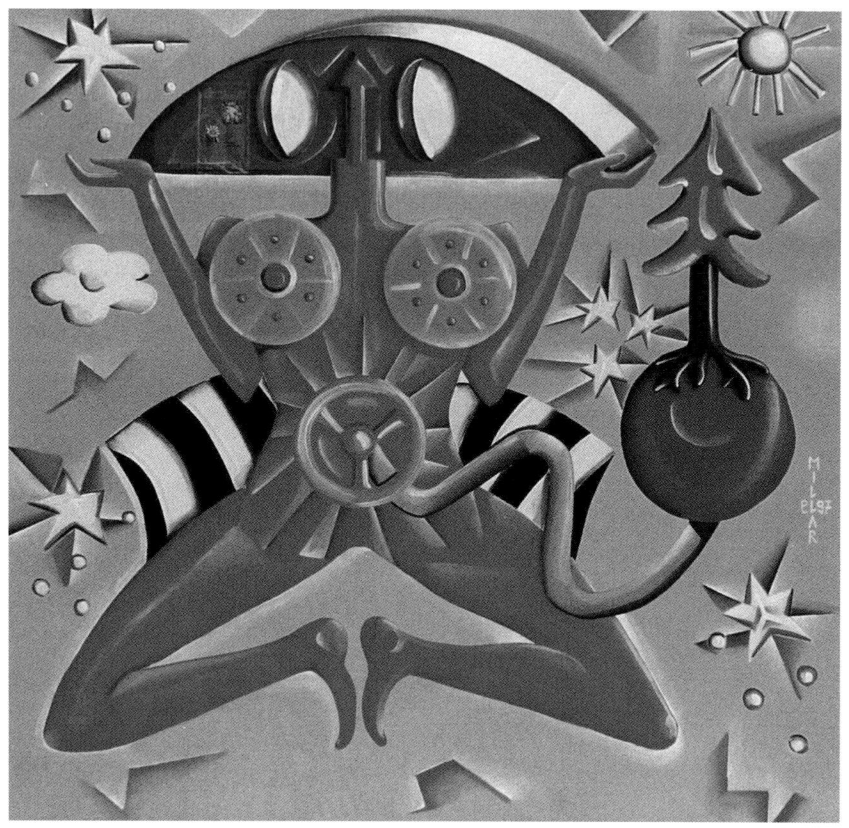

Starcookies, 1997

Il suo lavoro di ripensamento e di riflessione sul futurismo si concentra in particolare sull'esame delle capacità relazionali e comunicative del movimento italiano: è questo infatti per lei il punto più interessante da esplorare e indagare, che molto poco ha a che vedere con gli esiti della pittura futurista tout court. La poetica futurista è per Beatriz Millar fonte d'energia primaria e creativa, potremmo dire caffeina allo stato puro di marinettiana memoria.

Nell'innovazione continua promossa dai futuristi, Millar è sedotta soprattutto dalle infinite possibilità che il movimento apre alla sperimentazione artistica, includendo tutti i campi dell'estetica, dal cucchiaio alla città, grazie proprio all'azzeramento dei canoni tradizionali del fare arte. Sicuramente è il vitalismo formale e compositivo del futurismo che affascina l'artista, ne cattura l'immaginazione e sollecita l'invenzione di un ricchissimo repertorio di nuove forme e figure, spesso tridimensionali, che hanno come principio-motore l'ironia, il gioco, il non-sense. Dal futurismo l'artista riceve anche forti stimoli per quella sua personalissima ricerca verbo-visuale, che nelle ben note "parole in libertà" ha un prezioso antenato. La riflessione e l'elaborazione dell'immagine-parola costituirà, a partire dalla fine degli anni Novanta, il leit-motiv del suo lavoro aprendo una strada di ricerca che molto avrà a che vedere con la fascinazione del linguaggio, inteso come strumento di perforazione dell'occhio ma anche come tautologia, come ridondanza semantica.

Comunicare "ad arte"

Esiste nel lavoro di Millar un continuum tra passato e presente che ha orientato con coerenza le sue scelte nell'immaginario possibile dell'espressione artistica. È l'ossessione del comunicare, che corrisponde a quella divinazione dell'arte per la quale ogni artista è in qualche misura investito di un ruolo profetico rispetto alle vicende del mondo e della vita. Un ruolo che Beatriz Millar interpreta molto sapientemente grazie a una capacità, sempre rinnovata nelle scelte formali e compositive, di svelare significato e significante dell'immagine, facendo ricorso, come più sopra si è già anticipato, a un felicissimo uso di catene semantiche, spesso elaborate in forma poetica, talvolta simili a sciarade, altre volte taglienti e tenaci come vere e proprie sentenze. In questa direzione si può comprendere come il lavoro di Beatriz Millar si sia coerentemente sviluppato, fin dall'inizio, attorno alla questione cruciale del suo ruolo di artista, e del suo dover fare arte – una questione appunto che implica l'impegno morale, irrinunciabile per l'artista-profeta, del giudicare il mondo e, attraverso il mondo, giudicare sé stessi. In questa direzione si comprende anche perché fin dall'inizio l'artista svizzera abbia privilegiato modelli culturali europei rispetto a quelli americani, abbia scelto quel fronte dell'arte che va proprio nella direzione di una disamina, anche tagliente, anche ironica, della realtà sociale e culturale, come per esempio il fronte inglese della pop art.

The show goes on

A partire dalla fine degli anni Novanta il lavoro di Beatriz Millar si affranca definitivamente dai propri modelli. È un taglio netto, che si manifesta in un sorprendente e originalissimo rinnovamento degli esiti formali e compositivi, anche se in nuce continua a conservare la memoria di una lezione culturale e artistica che, come sopra si è detto, affonda nella storia più importante del pensiero artistico europeo del secondo dopoguerra. Una storia che Beatriz Millar non vuole certo estromettere dal suo presente, semmai superare con uno slancio che diventa conquista di una cifra del tutto originale e personale del suo fare arte. Dal punto di vista formale è soprattutto la sperimentazione avanzata di nuove tecnologie di riproduzione, capace di efficaci manipolazioni delle immagini, che costituisce la novità saliente del suo lavoro. La relazione con il multi-

communicating with her public. The latter is a problem of fundamental importance for the Swiss artist who, since the early nineties has refused every cryptic and symbolic temptation, favoring if anything the, at times, ironic pungency of metaphor, perhaps prompted by a thought or a phrase written at the foot of the back of the canvas and then, more recently, made manifest on the same side as the work to add a finishing touch to the photograph or painting on the surface.

In the mid-nineties, a further investigation into avant-garde work of the twentieth century leads Millar to experiment a new approach, which is just as stimulating for her painting. It is the approach towards the poetics of Futurism, perhaps partly prompted by her living in Milan. The transition is brief but intense and exploits the immense capacity for reflection and innovation of some of the most famous and popular themes and motifs of Futurist poetics.

Her work of re-examination and meditation on Futurism concentrates in particular on a study of the relational and communicative capacity of the Italian movement. This is, in fact, for her the most interesting point to explore and investigate and has very little to do with the achievements of Futurist painting *tout court*.

Futurist poetics is, for Beatriz Millar, a source of primary and creative energy; we might say pure, unadulterated caffeine, reminiscent of Marinetti. Of the constant innovation espoused by the Futurists, Millar is mainly seduced by the infinite possibilities the movement affords to artistic experimentation, including all fields of esthetics, from the spoon to the city, thanks to the cancellation of the traditional canons of making art. It is certainly Futurism's formal and compositional vitality that fascinates the artist, capturing her imagination and eliciting the invention of an extremely rich repertory of new, often three-dimensional forms and figures, the driving principle of which is irony, play, nonsense. The artist also receives strong stimuli from Futurism for her very personal work on word-visual, which has a precious precursor in *parole in libertà*. The reflection and elaboration of image-word will, beginning at the end of the nineties, make up the leitmotif of her work, opening an avenue that will have a great deal to do with the fascination of language, intended as a medium to perforate the eye but also as a tautology, as semantic redundancy.

Communicating "Ad Arte"

There is, in Millar's work, a continuum between past and present, which has coherently orientated her choices of artistic medium. It is the obsession with communication, which corresponds to that divination of art, which insists that every artist is in some measure invested with the role of prophet regarding world and life events. It is a role that Beatriz Millar interprets wisely thanks to a capacity, ever renewed in terms of formal and compositional choices, to reveal both the meaning and signifier of the image, resorting to, as we have already said, a fortunate use of semantic chains, often elaborated in poetic form, sometimes resembling charades, other times incisive and enduring like actual sentences. One can see from this how Beatriz Millar's work has coherently developed from the very beginning around the crucial question of her role as an artist and her compulsion to make art a question that implies a moral commitment, inalienable for an artist-prophet, in judging the world, and through the world, oneself. On this tangent one can also understand why, from the very beginning, the Swiss artist favored European as opposed to American cultural models, choosing that art front that leans towards a caustic, ironic analysis of social and cultural reality, like the British face of Pop Art, for example.

I'm a Fool, 1996

God Millepede, 1996

Englische Schlüssel, 1997

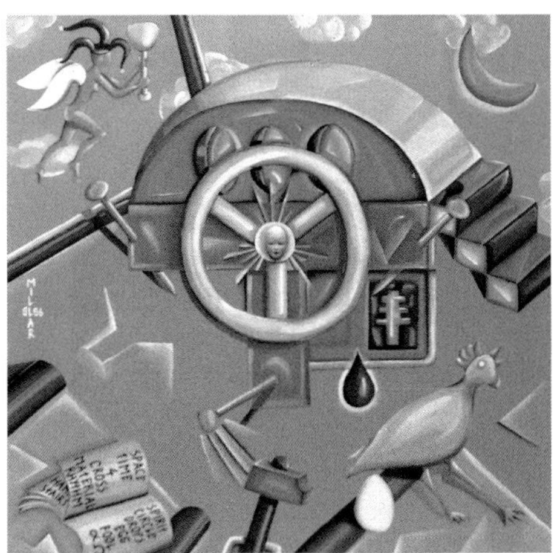

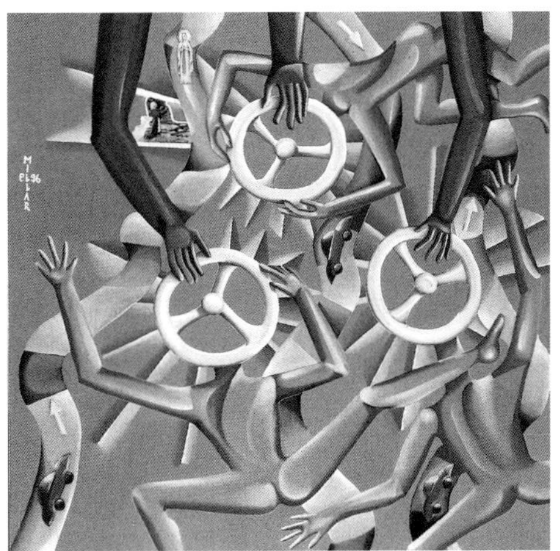

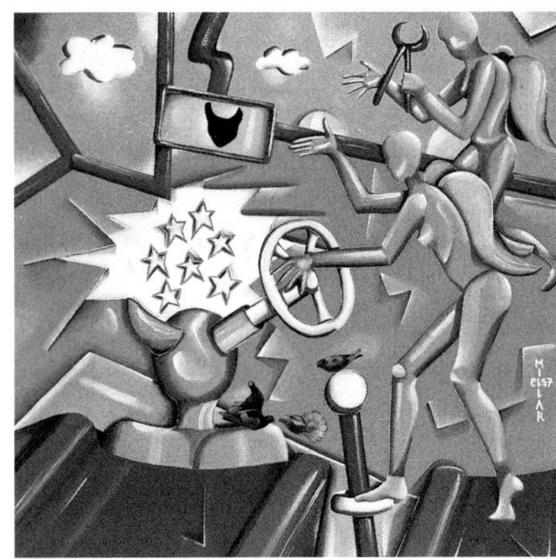

mediale non è un tema certo nuovo al suo operare, ma nei primi anni Novanta si era trattato solo e semplicemente di ironiche o corrosive citazioni delle cosiddette virtù tecnologiche (il ciclo dei televisori per esempio) mentre l'approdo recente si concretizza nell'accertare la possibilità della tecnologia di supportare idoneamente la sua interpretazione del mondo e della vita. Nasce così l'interessante ciclo delle *Bandiere*, un lavoro complesso dal punto di vista progettuale e compositivo, dedicato al tema dell'identità ma anche dell'Utopia, del nostro lavorare per un mondo migliore. Questi lavori, se ricordano quelli realizzati su tela degli anni Novanta, forse più innocenti, ne superano il pur gradevole effetto decorativo, giocato sulla scrittura diventata icona. Grazie a una più esplicita azione "politica" del suo fare arte, che non è naturalmente da intendersi come allineamento ideologico, l'artista rivendica attraverso queste immagini la propria azione culturale e artistica, intesa come dovere morale dell'essere profeta del mondo e per il mondo. Un ruolo che evidentemente per Beatriz Millar coincide con la necessità di tenere viva la fiamma della Grande Utopia appunto, un ruolo che, come è noto, è sempre appartenuto all'artista-sciamano, a colui che sa decifrare i segni dell'uomo, del tempo e della natura, a colui che precorre con la propria opera il sogno di "un'armonia universale". Non è un caso che tra i suoi maestri ideali occupi un posto molto importante Joseph Beuys. In questa stessa direzione, di "politica attiva", intesa nel senso di impegno morale ma anche di riflessione sul mondo e sui comportamenti sociali e privati dell'uomo, va interpretato anche il bellissimo recente lavoro *The True Lipser*, un'opera costituita da una sorta di prima pagina di giornale inventato, usato per comunicare dei messaggi che riguardano l'artista stessa, i suoi comportamenti, le sue opinio-

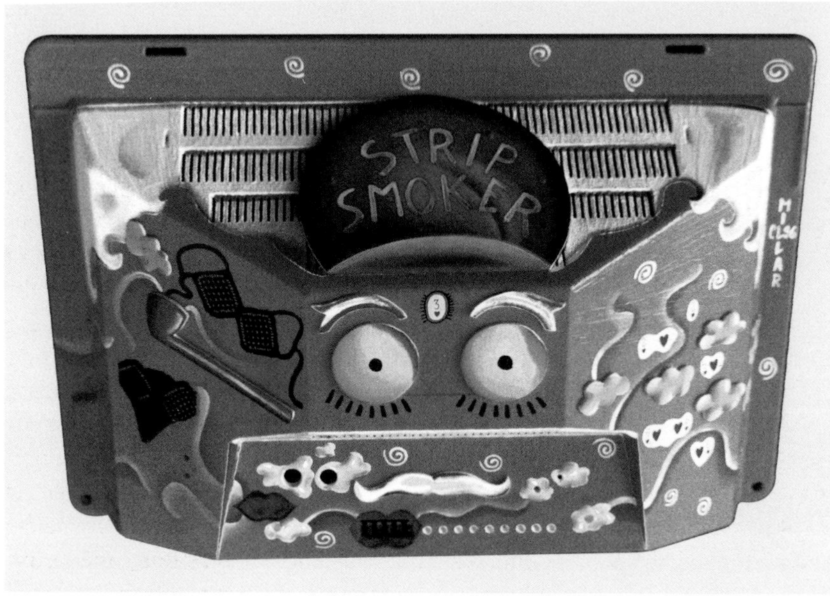

Strip Smoker, 1996

ni, i suoi giudizi. Gioco o ironia? Verità o bugia? Nella dicotomia degli opposti risiede la sua volontà di riportare a unità ogni fenomenologia del mondo. Anche il ciclo delle *Bocche*, opere nate anch'esse come le *Bandiere* da un'efficacissima manipolazione al computer di immagini fotografiche, in questo caso il Lago di Garda, ripreso nelle diverse ore del giorno cui viene sovrapposta la sagoma seducente di una bocca che sputa sentenze, è una nuova interessante frontiera toccata della sua più recente ricerca.

In questo lavoro, è proprio la parola-sentenza, grazie alle curiose, spesso banali verità dichiarate, – ma anche alle esternazioni più intime dettate dal suo cuore nei confronti dell'amore e della vita – che apre, come già avvenuto nel ciclo delle *Bandiere*, a una riflessione cruciale, critica, del fare arte oggi, che è nello stesso tempo riconoscimento del valore assoluto e del valore soggettivo che ogni immagine in sé contiene; della sua funzione pedagogica e didascalica della vita e per la vita; della sua forza d'essere espressione necessaria alla comunicazione tra interno ed esterno, tra l'io e l'altro da noi; forza spirituale, segno dell'innocenza ma anche demone incarnato di quel buio che sta nei nostri destini. Ma la bocca della verità ci rassicura: *the show goes on*.

The Show Goes On

Starting from the end of the nineties, Beatriz Millar's work definitively cuts loose from its models. It is a clean break, shown in a surprising and very original renewal of the formal and compositional results, even though in a condensed form it continues to preserve the memory of a cultural and artistic teaching that, as we have said before, is submerged in the more important history of European art after World War II. Beatriz Millar certainly does not wish to exclude this history from her present. If anything she desires to surpass it with an energy that becomes the achievement of a wholly original and personal style of making art.

From the formal point of view it is, above all, her advanced experimentation of new reproductive technologies, capable of efficiently manipulating the image, which make up the most conspicuous novelty in her work. The relationship with multimedia is certainly not a new theme in her work but in the early nineties it was merely an ironic or corrosive citation of the so-called technological virtues (the cycle of televisions, for example), while her recent approach involves verifying whether technology is able to adequately support her interpretation of the world and of life. Out of this comes the interesting cycle entitled *Bandiere*, a complex work from the point of view of design and composition, dedicated to the theme of identity and utopia, of our working towards a better world. These works, though they recall those perhaps more innocent ones done on canvas in the nineties, amount to more than their anyway pleasing decorative effect, playing with writing as icon. Thanks to a more explicit "political action" of making art, which naturally should not be understood as ideological affiliation, the artist, through these images, proclaims her cultural and artistic action, understood as the moral obligation to be a prophet of and for the world.

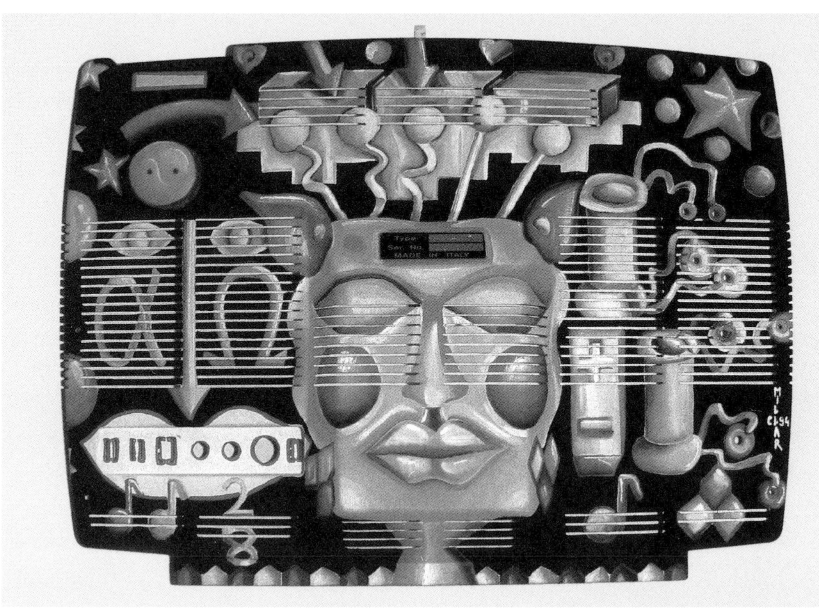

Made in Italy, Tv-Soul, 1994

A role that evidently, for Beatriz Millar, coincides with the necessity to keep the flame of the great utopia alive–a role that, as we know, has always belonged to the artist-shaman who can decipher the signs of man, time and nature, whose work anticipates the dream of "universal harmony." It is no coincidence that Joseph Beuys occupies a crucial place among her ideal masters. In the same way her wonderful recent work *The True Lipser* should be interpreted in terms of "active politics," meant in the sense of moral commitment but also as a meditation on the world and man's private and social behavior. This work consists in a sort of front page of a made-up newspaper, used for communicating messages that concern the artist herself, her attitudes, her opinions, her judgements. Play or irony? Truth or lie? Her desire to reunite every phenomenology in the world lies in the dichotomy of opposites.

The *Bocche* cycle, works that, like *Bandiere*, were generated by a successful computer manipulation of images, in this case Lake Garda taken at different times of the day superimposed by the seductive outline of a mouth spitting sentences, is a new and interesting frontier for her most recent work.

Here it is precisely the word-sentence, thanks to the curious, often banal truths it speaks, but also the intimate outpourings her heart dictates regarding love and life, that clears the way, as happened before with the *Bandiere* cycle, for a crucial, critical reflection on making art today– simultaneously a recognition of the absolute and subjective value that each image contains, its pedagogical and didactic function of and for life, its strength in being the necessary expression of communication between the internal and external, between the self and the other, spiritual strength, sign of innocence but also devil incarnate of that darkness that lies in our destinies. But the truth reassures us: *the show goes on*.

Baby Lon(g)'s Favourite Dance

Tra gli articoli più venduti della stagione estiva ci sono le cartoline delle spiagge nostrane, quelle tutte uguali con un tramonto e una figura in controluce. Questo è significativo nel momento in cui si considera che a quell'ora sul bagnasciuga non c'è più nessuno perché l'appetito sale e l'arietta inizia a farsi sentire. Non dicono nulla del luogo, se non che c'è il mare e che viene la sera. Le bocche di Beatriz Millar galleggiano proprio in questi non-paesaggi, come nuvole, a labbra socchiuse.

Così come le cartoline portano sul fronte il nome della località e un saluto prestampato, la Millar inserisce la parola scritta. I suoi slogan, poetici e ambigui, non hanno l'incisivo intento provocatorio delle frasi da spot di Barbara Kruger, tanto meno lo scopo puramente formale delle prime avanguardie o le implicazioni mediatiche della pop. Hanno semmai la stessa musicalità del graffitismo, anche se rivisti in chiave be-bop, meno dura, più ballabile. Millar lavora su vere e proprie strofe, in rima, o comunque misurandone la metrica "stop the run and look at me / I'm the sun behind the tree", non si può leggerle senza in qualche modo canticchiarle. La bocca è sola nel tramonto con le sue parole, senza auditori di sorta "The show goes on / still year by year / no public come / my voice to hear", nessuno a tenerne il ritmo schioccando le dita. Ciascuno di questi lavori ha un viraggio cromatico digitale, volutamente artificioso (i tramonti falsi sono sempre i più belli), e in qualche caso la manipolazione è addirittura dichiarata nello slogan *Andro-gene-pink*. Il pesante make-up elettronico delle labbra, il finire del giorno, *le parole che nessuno ascolterà*.

Questa nuova serie di opere rimanda immediatamente a un'estetica melò, a un decadentismo ultramoderno, fatto di bocche languide, ma anche di personaggi possibili come il *Trans-Lover* o *False Diva*.

Nei suoi più recenti lavori Beatriz Millar elabora una personalissima araldica popolare ricalcata su quella più nota universalmente. La bandiera è la forma concreta preposta ad arginare i nostri proclami, è il quadro atto a circoscrivere un credo o una missione, sia questa l'arrembaggio di una nave o di uno stadio. Il rosso scarlatto a colorare i cortei, così come quel singolo fazzoletto bianco a *sventolare la resa*, sono immagini immediate e coincise. È lo spazio concesso all'appartenenza perché questa trovi la sua più sintetica formulazione estetica. L'esser membro di una casta, parte di un'idea o di una nazione, è dichiarato e insieme legittimato dallo sbandierarne l'emblema. L'artista,

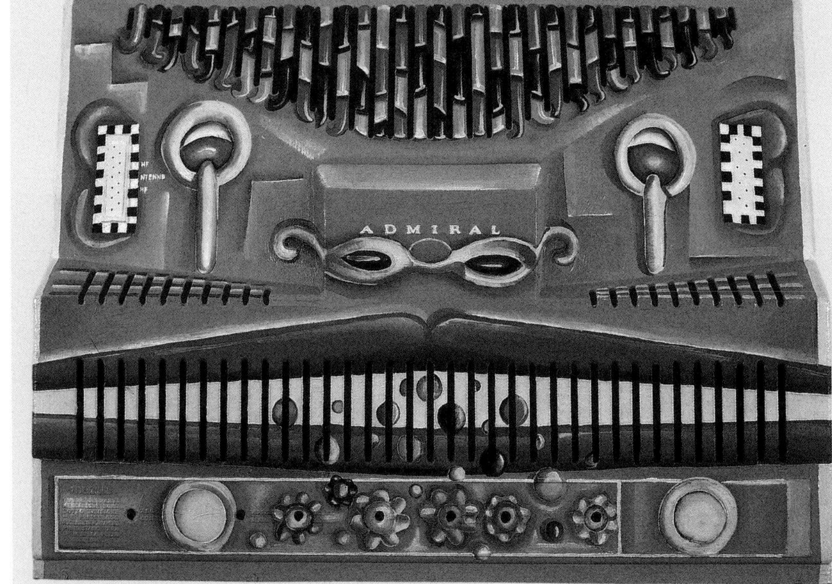

TV-Admiral, 1995

senza patria, in quanto outsider, ridisegna quindi la propria appartenenza, per non aderire all'iconografia prestabilita. Prima fra tutte quella del pacifismo, naturaliter perdente da un punto di vista storiografico eppure capace di incidere prepotentemente sul costume. Beatriz Millar ironizza sullo stendardo arcobaleno mentre lascia che si agiti in onde sinusoidali matematicamente esatte, *mosso da un vento geometrico e artificiale*. *Shake the Rainbow!* recita lo slogan apposto su questa immobile tavola di legno dipinta. Sui colori della pace in un altro lavoro, insieme a grandi fiocchi di neve, è sceso un velo di tristezza *You are so blue!!!*. Grida poi al mondo a chiare lettere *I love you toooo!*, come farebbe a caratteri cubitali un'adolescente sul suo diario.

Luca Beatrice

Baby Lon(g)'s Favourite Dance

Among the items that sell the most during the summer season are the postcards of our beaches. Those postcards that are all exactly the same, containing a sunset and a silhouetted figure. This is significant when you consider that at that hour on the foreshore there is no one left because it's suppertime and the breeze begins to lift. They don't say anything about the place, only that there is the sea and that evening comes. Beatriz Millar's mouths float in these non-landscapes like clouds, the lips a little apart.

Just as the postcards carry the name of the place and a pre-printed greeting, so does Millar add the written word. Her poetic and ambiguous slogans do not have the sharp, provocative intention of the phrases in Barbara Kruger's adverts. Nor do they have the purely formal purpose of early avant-garde or the media implications of Pop. If anything, they have the same musicality as graffiti, though revisited in a Be-Bop key, less tough and more danceable. Millar works in actual verses, in rhyme or, anyway, measuring their metric "stop the run and look at me/I'm the sun behind the tree." They cannot be read without somehow humming along to them. The mouth is alone in the sunset with its words, without eavesdroppers of any kind–"The show still goes on/still year by year/no public come/my voice to hear"–and nobody clicking their fingers to mark the rhythm. Each of these works has a digital chromatic toning that is deliberately artificial (fake sunsets are always lovelier) and in some cases the adulteration is even declared in the slogan *Andro-gene-pink*. The heavy electronic make-up of the lips, the end of the day, *the words nobody will listen to.*

This new series of works immediately recalls a melodramatic esthetic, an ultramodern decadence, made up of languid mouths, but also conceivable personalities such as *Trans-lover* or *False Diva*.

In her most recent works Beatriz Millar elaborates an extremely personal common heraldry that mimics the more famous one. The flag is the concrete form responsible for framing our proclamations, it is the square that circumscribes a credo or a mission, be it the storming of a ship or a stadium. Scarlet red is the color of protest marches just as that single white handkerchief *signals surrender*. These are immediate and overlapping images. It is the space conceded to "belonging" so that this finds its most succinct esthetic formulation. Being a member of a caste, part of an idea or a nation is declared and also legitimized by waving its emblem. Therefore the artist *without a native land*, because he is an outsider, redraws his own affiliation, so as not to adhere to a pre-established iconography. First and foremost pacifism, the loser *naturaliter* from the historiographical point of view and yet able to powerfully influence custom. Beatriz Millar mocks the rainbow standard while she lets it move in mathematically exact sinusoidal waves, *stirred* by a geometrical and artificial wind. *Shake the Rainbow* recites the slogan stamped on this immobile painted wooden table. In another work, together with large snowflakes, a veil of sadness descends on the colors of peace. *You are so blue!!!* Then it shouts to the world in cubic letters *I love you toooo!* as a teenager might do in her diary.

The symbol of peace was created as the symbol for the British Campaign for Nuclear Disarmament, beginning with the letters N and D in semaphore (two arms pointing diagonally downwards: one arm pointing up and one down to form a vertical line). Someone, the "Make Love Not War" crowd at the time of Vietnam saw it as a stylization of the penetration of a young hippie with her legs apart. Beatriz Millar makes an ironic use of it, revisiting it as the advert for a razor for female hair removal and, at the same time, a grotesque-ideological declaration with the motto *Shave the War* open to more (or less) direct metaphor-making. In a painting of 2001 there are two small glittering Tao hearts, as though to reduce the question to a box of chocolates, or a poster for kids, because Millar has understood that this is what makes ideological symbols: they are engendered by history and end up on a rucksack, on daytime television, seen in the new spring/summer fashion collections.

Other flags confuse nations and their idols, others still bear the fingerprints of those who are seeking a

Il simbolo della pace nasce come simbolo della campagna inglese per il Disarmo Nucleare a partire dalle lettere N e D del codice dei segnali con bandierine (due braccia diagonali verso il basso; un braccio alzato e uno abbassato a formare una linea verticale). Qualcuno, il *Make Love Not War* ai tempi del Vietnam lo aveva letto come la stilizzazione di una penetrazione in una giovane hippy a gambe aperte. Beatriz Millar ne fa un uso ironico, rivisitandolo come lo spot di un rasoio per la depilazione femminile e, allo stesso tempo, una dichiarazione grottesco-ideologica con il motto *Shave the War*, libero alle più (e alle meno) dirette metaforizzazioni. In una tavola del 2001 tra le bandiere scintillano due cuoricini-tao, come a ridurre la questione a una scatola di cioccolatini, o a un poster per ragazzini, perché la Millar ha capito che è questo che fanno i simboli ideologici: nascono dalla storia e finiscono su uno zainetto, in televisione nei programmi del pomeriggio, ricamati nella nuova collezione primavera-estate.

Altre bandiere confondono le nazioni e i loro idoli, su altre ancora sono impresse le impronte digitali di chi una patria la chiede, novelli Ulisse per scelta o vittime delle circostanze. Il Novecento ha visto sparire intere nazioni, lasciando il vuoto sotto i piedi di milioni di persone che hanno iniziato a quel punto un viaggio alla ricerca di un'alternativa alla *petrosa Itaca*, rilasciando le impronte per il riconoscimento a ogni varco di frontiera. Messaggi più diretti nelle bandiere della Palestina che ospitano fotografie violentemente virate in rosso di bambini armati e cadaveri portati via dalla strada, riportate allo stesso modo tra le bandiere di Israele, ripetuti i versi biblici della legge del taglione "an eye for an eye, a tooth for a tooth" ("An eye for an eye and a tooth for a tooth And anyway I told the truth. And I'm not afraid to die" canta Nick Cave in *The Mercy Seat* con voce da mettere i brividi, facendo il verso a *Dio in persona*). Le più inflazionate immagini del nostro tempo tornano così nel lavoro di Beatriz Millar: cosce e bocche di lascive centraliniste, ma anche Einstein che fa la linguaccia e, prima fra tutte le icone massmediatiche, le torri gemelle in fiamme, super-performance o *opera d'arte definitiva* come la ha definita Karl Heinz Stockhausen. Probabilmente mai immagine ha avuto maggior impatto di ordine simbolico, maggior efficacia rappresentativa. Le Twin Towers rappresentate dalla Millar, rispetto alla sequenza televisiva del crollo, prendono le stesse distanze che intercorrevano tra la Marilyn di Andy Warhol e quella di Billy Wilder in *A qualcuno piace caldo*.

Non è un caso se l'artista sceglie allora proprio il digitale come strumento di conversione della realtà. Quelle in corso sono guerre senza guerra, filtrate da un monitor e gestite da un software. Qui si pone il lavoro della Millar, tre gradi di separazione dal reale in quanto contraffazione dell'immagine mediatica a sua volta distante dall'esplosione vera e propria.Gli avvenimenti dell'11 settembre sono ribattezzati dalla Millar *The apo-calypso*, come una nuova danza, o meglio, *balletto* di grido. Perché è la spettacolarizzazione dell'evento stesso a misurarne la rilevanza storica. Ed è questo show il soggetto del lavoro di Beatriz Millar, non il reale. Non fa politica, smaschera i tabù della politica. Ride del non risibile e dice l'indicibile. I suoi slogan

Quel che tuttavia ci attende alla fine di questo processo di virtualizzazione è che cominciamo a percepire la stessa "realtà reale" come un'entità virtuale.
Slavoj Zizek

sono come gaffes, sentenze fuoriluogo, la cosa sbagliata al momento sbagliato. Le sue frasi sono strofe di una canzoncina che ritma la superficie del quadro digitale. Suonano come la voce di una bambina che recita una saggia assurda filastrocca, mentre gli adulti al tavolo parlano di cose serie. Come *Be-Bop-a-Lula* alla radio mentre in televisione parte l'edizione straordinaria del telegiornale.

homeland–Ulysses by choice or victims of circumstance. The twentieth century saw entire nations disappear, leaving a void beneath the feet of millions of people who at that point began a journey in search of an alternative to the *petrosa Itaca*, leaving their fingerprints at every border checkpoint.

There are more direct messages in the Palestinian flags that host photographs in violent tones of red of armed children and corpses carried through the streets, similarly echoed in the flags of Israel with their biblical verses of the law of retaliation reiterated "an eye for an eye, a tooth for a tooth" ("An eye for an eye and a tooth for a tooth. And anyway I told the truth. And I'm not afraid to die," sings Nick Cave in *The Mercy Seat* with a voice that makes your spine tingle, imitating *God himself*).

The most hackneyed images of our century are therefore seen again in Beatriz Millar's work: the thighs and mouths of wanton switchboard operators, but also Einstein sticking out his tongue and–the ultimate mass media icon–the Twin Towers in flames, super-performance or *definitive work of art* as Karl Heinz Stockhausen defined it. Probably no image has ever had more symbolic impact, more visual immediacy. The Twin Towers represented by Millar, compared to the television sequence of the collapse, are disassociated in the

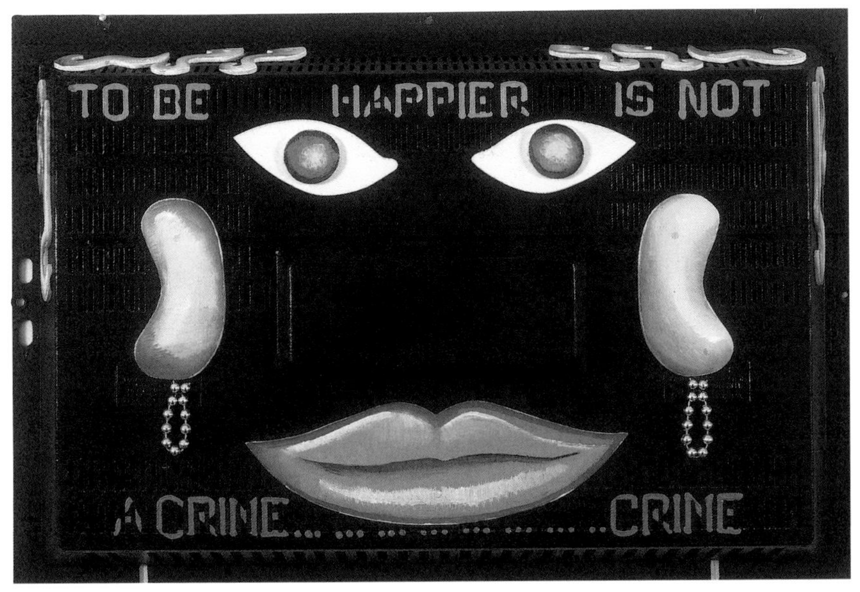

To Be Happier Is Not a Crime, 1996

same way as Andy Warhol's *Marilyn* and Billy Wilder's Marilyn in *Some Like it Hot*.

It is no coincidence if the artist then chooses digital technology as an instrument for converting reality. What we are seeing are warless wars, filtered by a monitor and manipulated by software. This is where Millar's work stands–three degrees of separation from reality as imitation of the image in the media, it too distant from the actual explosion.

What is anyway waiting for us at the end of this process of virtualization is that we begin to perceive the same "real reality" as a virtual entity.
Slavoj Zizek

Millar has renamed the events of September 11th *The apo-calypso*, like a new dance, or better still, a famous *ballet*. Because it is the spectacular quality of the event itself that measures its historical importance. And this show, not the reality, is the subject of Beatriz Millar's work. She is not involved in politics, she exposes the taboos of politics. She laughs at what cannot be laughed at and says what cannot be said. Her slogans are like gaffes, misfit phrases, the wrong thing at the wrong time. Her sentences are verses of a little song and they beat out the rhythm on the surface of the digital image. They sound like the voice of a child reciting a wise and absurd nursery rhyme, while the adults at the table talk of serious matters. Like *Be-Bop-a-Lula* on the radio while the newsflash begins on the television.

Romana Loda

Gli sguardi fluttuanti di Beatriz Millar

Una pietra leggera, porosa
Un secolo è finito e un altro è iniziato da quando Beatriz Millar ha dato una prima, sistematica organizzazione alla sua attività d'artista. È infatti del 1999 l'edizione di un volume monografico al quale abbiamo lavorato insieme. Oltre un anno per dare conto di una ricerca onnivora e di assimilazione che, come per chiunque, è iniziata nell'impeto giovanile delle frequentazioni accademiche e che poi si è gradualmente delineata in una scelta di poetica, oltre che di professione.

La poesia è l'estrazione del radio.
Per un grammo estratto un anno di fatiche Vladimir
Majakowskij

L'operazione è consistita soprattutto nell'individuare fra i pacchi di appunti, disegni, fotografie, quadri e sculture, il filo sotterraneo che ne ha legato il dipanarsi tra gli entusiasmi accecanti, le corse sfrenate, le ansie, i balzi improvvisi. E gli inevitabili *inciampi*, anche, perché non c'è artista, come ha osservato acutamente Gertrude Stein a proposito del giovane Picasso: "che capisca un accidente di se stesso prima dei ventisette anni...". Un modo schematico ed efficace per indicare lo spartiacque cruciale nella ricerca di una identità. E non l'età anagrafica importa, ma il fatto che ciò avvenga prima che l'artista sia travolto dalla vertigine del suo stesso sogno e riesca ad aggiungere qualcosa di sé al mondo. Non sempre ciò avviene e i più si perdono per strada, ma per Beatriz Millar è successo e da questa prima verifica è nato un libro che molto ha sfrondato delle deviazioni inevitabili, per evidenziare le non poche scintille di autentica poesia emerse dal magma bollente di una ricerca feconda di stimoli e di squillanti realizzazioni.

Una indagine, dunque, non una celebrazione come una pietra funebre messa, come avviene spesso, su quello che è stato, ma qualcosa di leggero e poroso, pronto a sollevarsi a ogni alito di nuova brezza.

Da allora è trascorso un tempo infinito, non i pochi anni del calendario. Il tempo del buio improvviso, che ha trascinato il mondo nel gorgo della follia. Non serve ripercorrere qui gli avvenimenti – che tutti abbiamo davanti agli occhi velati – di aerei che si schiantano contro le torri della presunzione: migliaia di vite recise, di innocenti esplosi in un disperante e macabro *gioco al massacro* sulla scacchiera di un pianeta impazzito.

Pochi secondi per passare dal secolo delle certezze ai tremori di chi si ritrova in fondo a un pozzo dal quale non riesce più a vedere un lembo di cielo. Soprattutto abbiamo dovuto accettare l'idea di essere irriconoscibili a noi stessi, senza un briciolo di speranza per il futuro.

Il mondo in frantumi
La cronaca incalza spietata, ogni giorno, togliendoci il respiro e aggiungendo nuove ferite alle piaghe ancora aperte. Tentiamo di fare le solite cose di sempre, ma spesso gli oggetti ci sfuggono di mano e abbiamo dentro qualcosa che ci scarnifica come un acido corrosivo.

La folla invade gli stadi, i centri commerciali, le mostre turistiche, ma gli individui hanno sguardi smarriti nel vuoto. Nel frattempo molti poeti hanno sollevato la penna dal foglio e altrettanti artisti hanno smesso di dipingere, di modellare: immersi nel limbo vischioso e grigiastro del sopravvivere che si è sostituito al vivere. Perché non c'è guscio che possa proteggere dalla disgregazione delle certezze; non ci sono muri che resistano al vento gelido delle paure ancestrali.

Sì, vivere finché viviamo. Sì la regola è questa.
Ma che fare della nostra vita se duole?
Endre Ady

Contrariamente a un diffuso pregiudizio, non esiste un *vuoto artistico* che metta al riparo dalle ingiurie della realtà. L'artista opera *dentro* gli umori del suo tempo: è un fascio di nervi sfilacciati, mentre la vita gli duole e va avanti. Opera per dimenticare, mentre il pubblico osserva per ricordare. È una specie di *pulce cosmica* che salta dalla cucina di casa sua alle stelle nel tentativo, descritto da Raymond Carter, di *conciliare i cavoli con i sogni dell'aldilà.*

Beatriz Millar's Fluctuating Glances

A light, porous stone
A century has ended and another has begun since Beatriz Millar first systematically put her work into order. Indeed, the edition of a monographic volume we worked on together dates back to 1999. It took over a year to account for an omnivorous work of assimilation that, like for anyone, began with the youthful enthusiasm of the student and then gradually took shape in a choice of poetics, as well as profession.

Poetry is the extraction of radium.
A year of fatigue for every gram extracted.
Vladimir Majakowskij

The operation consisted, above all, in pinpointing, among parcels of notes, drawings, photographs, paintings and sculptures, the underlying thread that linked the unravelling of dazzling enthusiasms, manic races, anxieties, sudden lurches. And the inevitable trips, too, because there is no artist, as Gertrude Stein accurately observed, speaking of the young Picasso, "who understands anything about himself before the age of twenty-seven…." A schematic and efficient way of indicating that crucial watershed in the search for an identity. And it is not the age that counts, but the fact that it happens before the artist is overwhelmed by the dizziness of his dream and manages to add something of himself to the world.

This does not always happen and most fall by the wayside. But it happened to Beatriz Millar and out of this initial taking stock came a book that pruned a great deal of inevitable digressions in order to emphasize no want of sparks of authentic poetry that emerged from the fiery magma of a work prolific in stimuli and resounding accomplishments.

Thus it was an investigation and not a celebration like a headstone placed over what was, but something light and porous, ready to stir at every breath of fresh air.

Since then infinite time has passed, not just the few years marked by the calendar. It has been a time of sudden darkness, which has dragged the world into the vortex of madness. There is no need to go back over the events we all have in front of our dimmed eyes, of airplanes crashing into towers of hubris: thousands of lives truncated, innocent people blown up in a desperate and macabre *killing game* on the chessboard of a planet gone mad.

It took just a few seconds to pass from the century of certainty to the century of anguish–the anguish of those who find themselves at the bottom of a well from which they can no longer see a strip of sky. Above all, we have had to accept the idea of being unable to recognize ourselves, without a crumb of hope for the future.

The World in Tatters
Every day the news comes in thick and fast, taking our breath away and adding new wounds to the ones that are still open. We try to do the same things we have always done, but often objects slip from our hands and there is something inside us that tears at our flesh like corrosive acid.

The crowd invades the stadiums, the shopping malls and the exhibitions, but individuals stare into space.

Yes, living for as long as we live.
Yes, that is the rule. But what shall we do
with our lives if they give us pain?
Endre Ady

In the meantime many poets have lifted their pens from the page and as many artists have stopped painting, sculpting: sunk in the viscous, grayish limbo of surviving that has replaced living. Because there is no shell that can protect us from the disintegration of certainties: there are no walls that can defend us from the chill wind of ancestral fears. Contrary to a popular misconception, there is no *artistic vacuum* that shelters us from the injustices of reality. The artist works *within* the moods of his time: he is a bundle of frayed nerves, while life continues to torment him. He works to forget while the public observes to remember. He is a kind of *cosmic flea* that jumps from the kitchen of his home to the stars in the attempt, described by Raymond Carter, *to reconcile cabbages with dreams of the afterlife.*

Beatriz Millar, che il suo primo balzo l'ha fatto dalle brumose convenzioni della Svizzera centrale verso le soleggiate aperture mediterranee; che si è fatta *esule* volontaria – ma non per questo ha potuto farsi *isola* – ha captato il soffio impetuoso della frantumazione del mondo e ha trovato la capacità di reagire come un giunco flessuoso. Trovatasi al centro della corrente, è riuscita a stare con ostinazione nella realtà, a occhi aperti, e captarne gli echi che ha disseminato nelle realizzazioni di questo periodo. Ha esercitato una indomita volontà di fare, nonostante tutto, e la poesia le ha spesso sorriso.

Gli sguardi fluttuanti
Il ciclo delle *Bandiere*, che ha realizzato tra il 2000 e il 2001, è costituito principalmente da *tele ansiose* (non più i *legni traforati* dei successi precedenti, e in questo sta il coraggio di una svolta che non è solo formale), sulle quali ha rovesciato brandelli del reale, ma soprattutto il sentimento di questa assunzione e le relative spinte all'intervento, alla denuncia.
Nulla più a che vedere con le bandiere della pop-art, oggetti esibiti come le *pin-up* o le *zuppe*, simboli sorridenti di un'utopia realizzata. E nemmeno i *vessilli* sventolanti di tanta retorica passata, ma veri e propri *campi del disagio* di chi ha perso la voce, non la voglia. *Bandiere del giorno dopo*, con le quali tentare di raccontarsi e riaffermare in un sussurro "io sono ancora qui" (*Lebanese Flag*), oppure " tutto per il passaporto" (*Swiss Flag*). E di seguito, bandiere come esercizi di censimento di ciò che è rimasto, attraverso le associazioni che la memoria ancora permette (*Japanese Flag*), e gli accostamenti volutamente surreali della colomba bianca con il rasoio (*Shave the War*). Una serie che sfocia rapidamente nei colori dell'arcobaleno e della pace, mescolati per evitare qualsiasi ambiguità di parte (*Shake the Rainbow*), oppure in costruzioni contrapposte di immagini brutali e insensate (*An Eye for an Eye*), subito dopo. Operazione a cascata, che si fa incalzante, convulsa, dietro la spinta irrefrenabile di una energia che si rinnova alla tenue luce di una nuova alba della coscienza.

> Quando la luce se ne va e il cielo è nero
> e non c'è un bel niente da guardare,
> il giorno è finito. Tutto qui.
> Robert Creely

Quando l'irreparabile ci ha colpiti, non ci resta che riaprire i bauli polverosi della memoria, alla ricerca di tutte le associazioni ancora possibili. Così ha fatto Beatriz Millar nell'ordinare in forma di cruciverba i rimbalzi irregolari di un sentire ostinato. È nata in questo modo la serie successiva *One, one, John* del 2002, una sorta di esercizio tattile di un ritrovarsi a tentoni, un fluire di parole dislessiche, un balbettio ritmico, che ha legato ai repentini cambi di tempo del *Be-bop*, soprattutto quelli di Charlie Parker e Thelonious Monk. Nulla di semplicemente didascalico, ma suggestioni, echi di melodie interrotte per dire l'indicibile del caos generale. Partiture dall'impaginazione volutamente schematica, che sotto la pelle leggera dei colori e al di là delle *sincopi* delle parole, svelano l'in-

Mobili/Furnitures, 1993

quietudine brulicante delle pietre rivoltate. L'elemento visivo si semplifica in immagini-simbolo che innescano il meccanismo di connessione verbale, in un ordine apparente verticale-orizzontale, tradito però dai rimandi sotterranei dei significati. È ancora il lungo momento di sospensione delle certezze, ma è anche la determinazione a reagire attraverso gli strumenti della poesia, per ritrovare il bandolo di un discorso interrotto e di una integrità perduta. Il ritmo è quello incalzante di un ballo che non riesce a nascondere l'impossibilità a trovare una posizione stabile, ma il movimento non è più uno sbattere insensato contro le pareti, e una melodia si fa strada piano, piano, fra un urlo e un sussurro, un battito di tacchi e un frullare d'ali.

> Al momento di sentirsi dire
> di non averne più per molto
> la vita a sorridergli finalmente
> si mise con tutti i suoi denti.
> Samuel Beckett

In questo marasma della ripresa, ricompaiono altre bandiere che, tra il 2002 e il 2003, diventano supporti fissi, coperte rigide sulle quali stendere i segni di un disagio che finalmente esplode, perché non sopporta più la compressione del controllo fin qui imposto. Bandiere *patch-work*

Beatriz Millar, who made her first leap from the foggy conventions of central Switzerland to sunny Mediterranean candor, who went into voluntary exile, but not isolation, perceived the furious sound of the disintegration of the world and found the strength to stand up to it like a lissom reed. Finding herself at the center of the current, she managed to stubbornly hold her ground, with eyes wide open, sensing the echoes that she divulged in the works dating from this period. She exercised an indomitable will to act, despite everything, and poetry often smiled upon her.

Fluttering Images
The cycle of *Bandiere*, which she made between 2000 and 2001, is mainly made up of *neurotic canvases* (no longer the *perforated wood* of earlier achievements, and here is a bold turning point, which is not merely formal), upon which she has heaped fragments of reality, but above all the sense of this undertaking and the related spurs to action and protest.
They have nothing to do with the Pop Art flags, objects exhibited like *pin-ups* or *soups*, smiling symbols of a utopia achieved. And neither are they the fluttering *standards* of so much past rhetoric, but actual fields containing the distress of those who have lost their voices, but not their will.

*When the light goes and the sky is black
and there is no damn thing to see,
the day is over. That is all.*
Robert Creely

Flags of the day after, which attempt to tell in a whisper "I'm still here" (*Lebanese Flag*) or "All for the passport" (*Swiss Flag*). And subsequently, flags as exercises in censuses of what remains, through the associations that memory still allows (*Japanese Flag*), and the deliberately surreal juxtapositions of the white dove with the razor (*Shave the War*). A series that rapidly culminates in the colors of the rainbow and peace, mixed to avoid any ambiguity or partiality (*Shake the Rainbow*), or in buildings opposed to brutal and senseless images (*An Eye for an Eye*), which come immediately afterwards. A cascade that becomes relentless, frenzied, behind the irrepressible thrust of an energy that renews itself in the soft light of a new dawn of consciousness.
When the inevitable has struck us down we can only turn once more to the dusty trunks of memory, to the quest for any association that is still possible. This is what Beatriz Millar has done by tidying the haphazard ricochets of a persistent sentiment into the shape of a crossword. This is how the subsequent series *One, one, John* came into being in 2002. It is a kind of tactile exercise in feeling out to find out where you are, a flow of dyslexic words, a rhythmic stuttering, associated with the rapid changes in tempo of *Be-Bop*, of Charlie Parker and Thelonius Monk above all. There is nothing purely didactic about it but suggestions, echoes of broken melodies that say what cannot be said of the general chaos. Scores

*Just when he was told
he didn't have long to live,
life finally began to smile
upon him with all its teeth.*
Samuel Beckett

made up in a deliberately schematic fashion that, under the thin skin of colors and more than the syncopation of words, reveal the crawling anxiety of stones overturned. The visual element is simplified into images—a symbol that triggers the mechanism of verbal connection, in an apparently vertical-horizontal order, betrayed however by the subterranean references to meanings. It is still the long drawn-out moment when certainties are suspended, but it is also the determination to react through the medium of poetry, to pick up again the thread of interrupted speech and lost integrity. It is the relentless rhythm of a dance that cannot conceal the impossibility of finding a stable position. But the movement is no longer a senseless banging against walls, and a melody slowly makes its way between a shout and a whisper, a clattering of heels and a flapping of wings.
In this chaos of regeneration, other flags appear that, between 2002 and 2003, become fixed backgrounds, stiff blankets upon which to spread the signs of an unease that finally explodes, because it no longer tolerates the pressure of control that has been imposed up to now. *Patchwork* flags with fixed backgrounds that pigeon-hole the exploration of reality. Not yet the fullness of a happy life, but the ability to recapture the traces of newsflashes in the instant they become stories. It is a period of convalescence, certainly, but strength is regained. There is still a terrain of pain to bear witness to, but also the belief that one can act and speak precisely where others are forced into a mute paralysis. And the repetition of patterns through digital technology redeems itself through the recouped use of irony. Certainly, we cannot talk of laughter, while current events lour menacingly, but the armor is beginning to show a chink, to the point where we can glimpse expressive possibilities that seemed to have been lost forever.

dalle campiture fisse che incasellano il sondaggio del reale. Non ancora la pienezza di una vita che sorride, ma la capacità di riafferrare le scie dei lampi di cronaca nell'istante del loro farsi storia. È il periodo della convalescenza, certo, ma le forze riprendono. C'è ancora un terreno di dolori di cui dare testimonianza, ma anche la convinzione di poter fare e dire proprio là dove altri si sono costretti alla paralisi muta. E la reiterazione degli schemi dovuta alla tecnica digitale, si riscatta attraverso l'uso ritrovato dell'ironia. Certo, di ridere non se ne parla, mentre l'attualità incombe come un macigno, ma la corazza ricomincia ad aprirsi, fino a far intravedere possibilità espressive che sembravano perdute per sempre.

Millar ha cambiato pelle, non anima e le sue bandiere riescono a dare nuova forma a quelle intermittenze del cuore che fermano il tempo e attraversano le angosce collettive per diventare ancora pittura, nonostante tutto.

Delle cose ultime
Il segnale più recente della ripresa si concretizza quando Beatriz Millar distoglie l'attenzione dal tumulto degli avvenimenti del mondo, per concentrarsi su particolari singoli ai quali affidare l'impulso a trovare un passaggio fra l'esterno disperante e la sua elaborazione personale, intima. Sviluppa così il ciclo attuale, nel quale le labbra sono il segnale primario, di massima evidenza. Mentre il viso di una persona può essere la mappa della sua vicenda, oppure il deposito delle stratificazioni del trucco che tende a cancellarla, cercando di far apparire ogni particolare migliore dell'insieme, le labbra mantengono una loro integrità anche quando il resto si sgretola. Dicono di ognuno ciò che si vorrebbe nascondere e sono quasi sempre migliori dei giorni vissuti.

Le labbra scelte per questa operazione sono grandi, carnose e morbidamente serrate. Diverse da quelle piccole, enigmatiche della Gioconda e diverse anche da quelle dilatate a puro simbolo sessuale di Man Ray. Sono piuttosto delle *labbra esclamative* di una catastrofe rimossa, esposte come supporto intrigante delle parole che si formano intorno con i loro dubbi non ancora risolti.

Si racconta che Cechov, ormai prossimo alla morte, continuasse a consultare l'orario dei treni in partenza. L'operazione di Millar ha lo stesso senso: cerca la via di fuga possibile, nonostante tutto, scavalcando il puro dato contingente e facendosi trascinare dall'ultimo treno in transito verso un altrove nuovamente ipotizzabile.

Nell'epoca in cui i mezzi avvicinano sempre di più e gli individui comunicano sempre meno, questa operazione che si autorigenera ed espande, ha la forza della goccia che scava i cuori pietrificati: una teoria lunga e sinuosa di *labbra* con la regolarità di un metronomo che scandisce il tempo di una musica finalmente percettibile.

Non più scoppi, crolli e lutti inaccettabili, ma la spinta capace di assecondare una ritrovata sensibilità al sogno. Labbra che, *sgranandosi* attraverso una operazione di continuo ingrandimento alla quale sono sottoposte, cominciano ora a dischiudersi in un tenue sorriso come annuncio del ritorno della poesia, anche.

Beatriz Millar procede con *soave accanimento* e lascia sul terreno realizzazioni sempre più compiute, usando i *vecchi* pennelli della tradizione pittorica, oppure le tecnologie digitali. E mentre queste vengono diffuse attraverso i canali distributivi dell'arte, lei ne sta già elaborando altre e altre ancora: premonizioni vibratili dei nostri futuri desideri.

> *Ed eccomi qui, il centro di ogni bellezza*
> *a scrivere poesie, pensa un po'!*
> Frank O'Hara

Millar has sloughed off her skin, not her soul, and her flags manage to give a new shape to those fits and starts of the heart that halt time and cut across collective anxieties to become art again, despite everything.

Of the Last Things
The most recent sign of regeneration materializes when Beatriz Millar distracts the attention from the tumult of world events to concentrate on individual details to which she can entrust the compulsion to find a path somewhere between the desperate outside world and her private and personal development. This is how the current cycle evolves, in which lips are the massively conspicuous primary signal.

And here I am, the center of all beauty,
writing poetry. Just think.
Frank O'Hara

While the face of a person can be the map of his experience, or the repository of make-up that tends to cancel it, attempting to enhance one detail rather than another, the lips maintain their integrity even when the rest crumbles. They show what people would like to hide and are almost always better than the life lived.

The lips chosen for this operation are large, fleshy and softly sealed. Unlike those small, enigmatic lips of the *Mona Lisa* and unlike those lips swollen to pure sexual symbol by Man Ray. They are instead the *exclamatory lips* of a repressed catastrophe, exposed as the intriguing background for words that take shape around them with their as yet unresolved doubts.

It is said that Cechov, then close to death, continued to consult train timetables. Millar's operation has the same sense: seeking an escape route despite everything, leapfrogging the mere contingent detail and allowing itself to be dragged by the last train out of the station towards a freshly conceived elsewhere.

In an age in which the media looms ever closer and individuals communicate less and less, this operation, which self-generates and expands, has the strength of the drop of liquid that bores into hearts of stone: a long and sinuous succession of *lips* with the regularity of a metronome that beats the time of a music that is, at last, heard.

No more explosions, collapsing buildings and unacceptable deaths, but the stimulus able to indulge the retrieved ability to dream. Lips that, by means of being subjected to a continual blow-up, now begin to part in a faint smile like the announcement of the return of poetry.

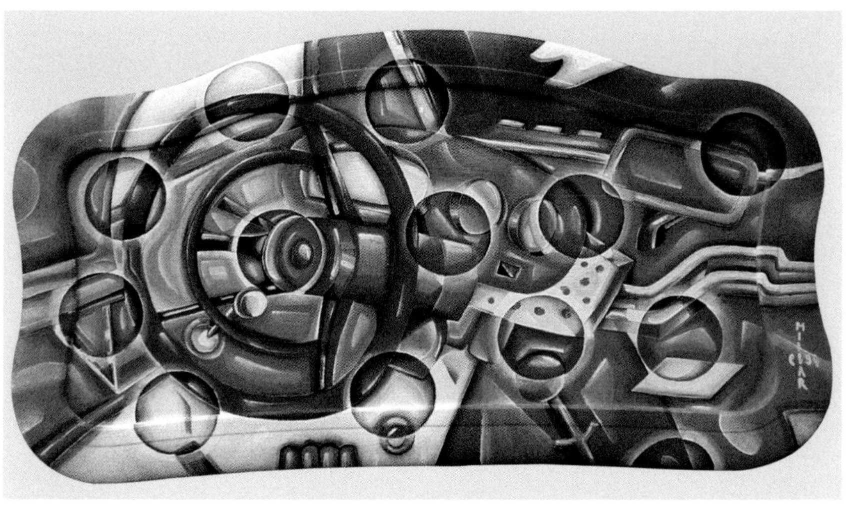

Leader, 1994

Beatriz Millar proceeds with *gentle doggedness* and leaves behind increasingly perfect works, using brushes, time-worn tools of the trade or digital technology. And while these are diffused through the distribution channels of art, she is elaborating others and others still: vibratile premonitions of our future desires.

Gabriella Citroni   **Identità riflessa**

"Chi sei?".

È una domanda di disarmante semplicità e, al tempo stesso, di sottile quanto insuperabile complessità.

Que ta coquille soit très dure
pour te permettre d'être très tendre:
la tendresse est comme l'eau: invincible.
André Bay

Si può rispondere con una o con mille parole, ma non si saranno mai esaurite le combinazioni possibili, non si sarà mai stati completamente onesti nel rispetto del fluido e inafferrabile divenire della realtà.

Eppure.

Sebbene sia un interrogativo condannato a rimanere senza una risposta definitiva, l'umanità intera non cessa di porselo da secoli, nelle forme più semplici, ingenue e quotidiane e nell'imperativo risoluto filosofico.

L'identità.

L'identità è la risposta a quelle due insistenti parole.

Individuale quanto collettiva.

L'identità è l'ambiziosa e continua ricerca di Beatriz Millar: ogni giorno, dalle prime luci dell'alba a notte fonda, Millar chiede a sé stessa e al mondo che la circonda, con divertimento e golosità inesauribili, di risolvere l'enigma, di fornire un tassello colorato al mosaico che un giorno svelerà, forse, la risposta.

In questa esperienza umana e artistica unica e coinvolgente, immagine, pensiero e parola sono elementi inscindibili.

Sono la segreta formula alchimistica con cui la maga (o strega?) Millar gioca l'irriverente analisi del mondo e di sé stessa.

Un tempo la parola appariva solo sul retro delle tele ma, via via, si è fatta strada con un ritmo irresistibile fino a conquistare il primo piano.

Come nell'insoluto ed eterno indovinello "è nato prima l'uovo o la gallina?", nelle opere di Beatriz Millar riecheggia la curiosità di comprendere se nascano prima immagine e pensiero oppure la parola. E, proprio come per uovo e gallina, non esiste un'univoca e indubitabile soluzione alla sciarada.

Ciascuno di noi sceglie l'alternativa che assume significato e forza nella propria convinzione.

Millar ci parla. Ci provoca. Ci serve l'attualità "sventrata, ripulita e cucinata", come in una sapiente ricetta di *nouvelle cuisine*. Ma ci ricorda sempre che quanto ci presenta è una sola delle tante possibilità di quell'immenso caleidoscopio che è la realtà.

Beatriz Millar cerca l'identità. Nostra e sua.

Ma non afferma mai, nemmeno tra incombenti punti esclamativi: solletica dubbi, lascia che aleggino e ci accompagnino le sue inquietudini.

Qui sta la sua forza, e la sua immensa tenerezza.

Sagome, figure multicolori che abitano un mondo di sensualità, seduzione e amore al ritmo del tango, delimitate da una *Linea Bianca*, che le separa dalla realtà grigia e banale, le proietta in una dimensione superiore, dove non esistono noia e dissimulazione.

"Chi mostriamo di essere?".

Il desiderio di plasticità e il rapporto nascosto tra la fisicità e la luce animano le figure notturne e nude di *Body and Cloud*. Non vi sono più linee bianche né sagome predefinite che limitino o direzionino la forma: è puro colore, che brilla anche nell'oscurità, dimostrando nei diversi movimenti "chi ci sforziamo di essere", svelandoci infinitamente teneri pur dentro variopinte corazze dell'anima.

L'oggetto che non manca a nessuna latitudine, la vera "bocca globale", si ribella allo stereotipo di oggetto scu-

Gabriella Citroni

Mirror Identity

"Who are you?"

It is a disarmingly simple and, at the same time, a subtly and insuperably complex question.

Que ta coquille soit très dure
pour te permettre d'être très tendre:
la tendresse est comme l'eau: invincible.
André Bay

One can respond with one or a thousand words, but the possible combinations will never run out, one will never have been completely honest with regards to the fluid and elusive "becoming" of reality.

And yet.

Although the question is condemned to remain without a definitive answer, the whole of humanity has not ceased to ask it for centuries, in the simplest, most naive and everyday forms and with frank, philosophical emphasis.

Identity.

Identity is the answer to those three insistent words.

Individual as much as collective.

Identity is Beatriz Millar's ambitious and continuous quest: every day, from the first light of dawn to the dead of night, Millar asks herself and the world that surrounds her, with amusement and an insatiable hunger, to solve the enigma, to provide a colored piece of the mosaic that one day might perhaps reveal the answer.

In this unique and enthralling human and artistic experience, image, thought and word are inextricable elements.

They are the secret alchemical formula that Millar the sorceress (or witch?) uses to decipher the world and herself irreverently.

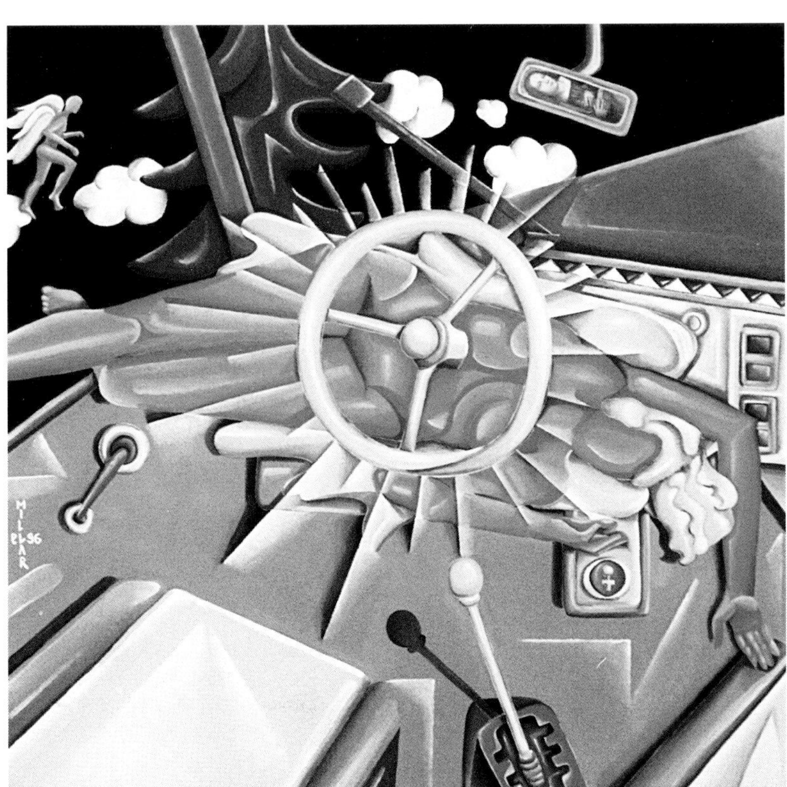

Venuscar, 1996

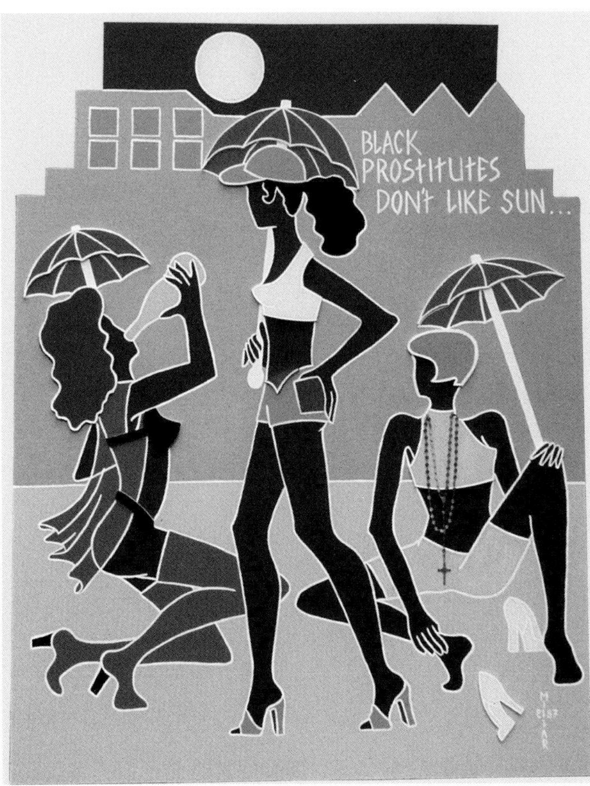

Black Prostitutes Don't Like Sun!, 1997

ro, inanimato e vuoto: la televisione ha un'anima. Viva, arzilla e irriverente. L'anima della TV racconta a Millar, per una volta, l'attualità come la vede lei, in un'inversione esilarante di prospettiva: sono gli occhi della TV che ci scrutano, s'interrogano e ci propongono una versione inattesa del quotidiano, completamente schietta. "Chi ci dicono che siamo? Chi ci insegnano a essere?".

Nell'*Opera del Carro*, Millar lascia che sia la nostra dimensione magica e spirituale, codificata in complesse formule alchemiche e simboli dei tarocchi, a prendere il volante dell'esistenza. A guidarci attraverso paure e sogni: le suggestioni dell'irrazionale.
Angeli e spiriti che normalmente abitano in modo silente e incognito tra pensieri ed emozioni, escono ora allo scoperto, ci mostrano le loro manovre, suggeriscono bisbigliando percorsi e mete.
"Chi portiamo dentro di noi? Quante anime abbiamo?".

Migliaia di parole arruolate, come obbedienti soldati, si schierano nei *Cruciverba* che ricercano quale era il verbo in principio e che fine abbia mai fatto.
Ma i soldati-parola di Beatriz Millar non sono rigidi, bensì agili come saltimbanchi illusionisti, che si aggrovigliano su sé stessi, mostrandoci combinazioni mai immaginate prima.
Un altro mondo possibile.
"Chi siamo stati?". E "Chi saremo?".
Nelle *Bandiere* la ricerca di un'identità alternativa per un mondo impazzito diviene prepotente: gli opposti si scontrano, si affrontano e infine si incontrano.

Cornerlight, 2001

Dancers, 2001

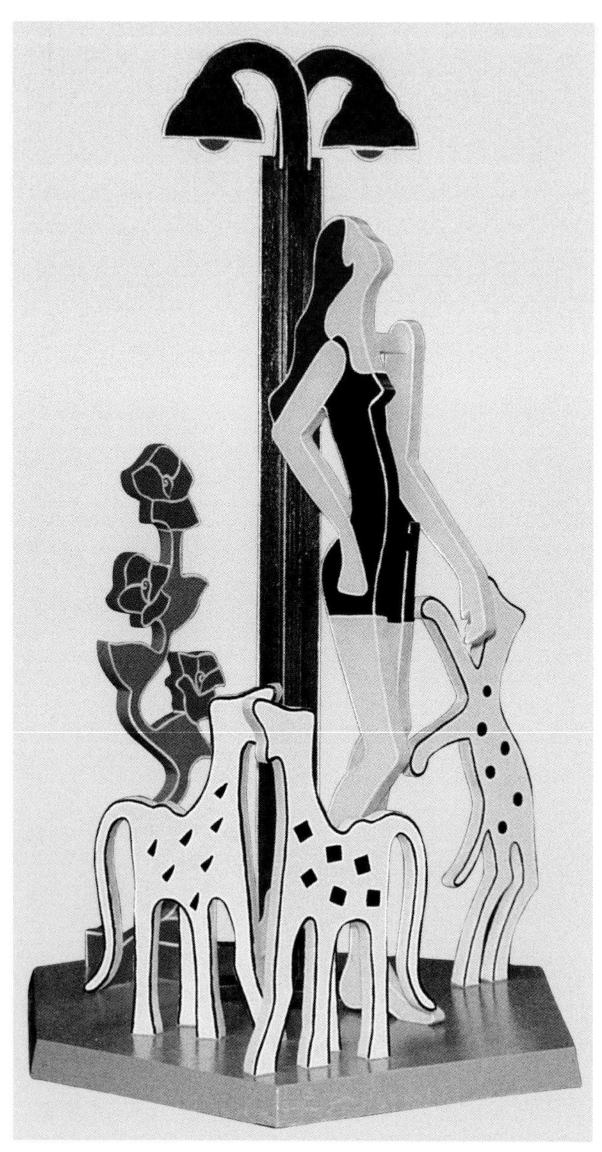

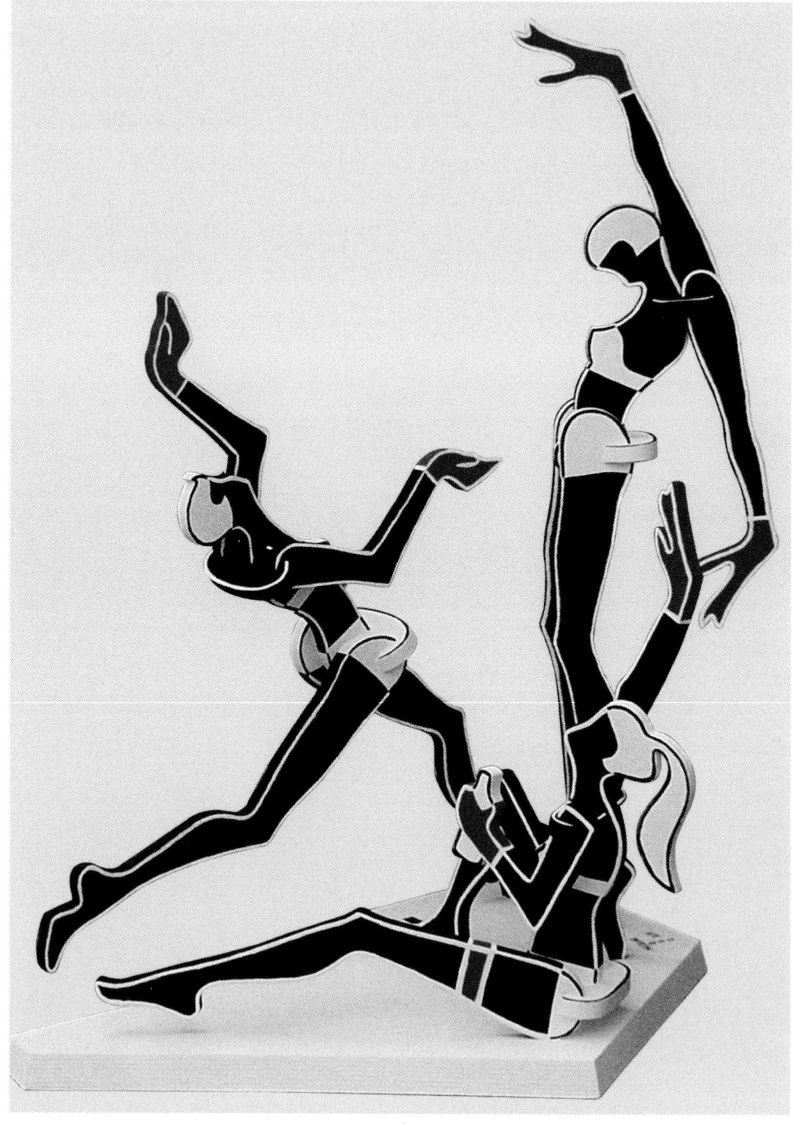

Once the word only appeared on the back of the canvas but gradually it advanced remorselessly until it conquered the foreground.

As in the unsolved and eternal puzzle "What came first–the chicken or the egg?" Beatriz Millar's works re-echo our curiosity to understand if it is images and thoughts or the word that comes first. And, just like the chicken and the egg, there is no unequivocal and sure-fire solution to the brainteaser.

Each of us chooses the alternative we believe has meaning and strength.

Millar speaks to us. She provokes us. We need reality "disembowelled, cleaned and cooked," as in a sophisticated *nouvelle cuisine* recipe. But she always reminds us that what she shows us is only one of the many possibilities of that immense kaleidoscope that is reality.

Beatriz Millar is seeking identity. Ours and hers.

But she never predicates, not even between pending question marks: she raises doubts, lets them hang there and her disquiet accompanies us.

This is where her strength and her immense tenderness lie.

Silhouettes, multicolored figures that live in a world of sensuality, seduction and love to the rhythm of tango, bounded by a *Linea Bianca* that separates them from gray, banal reality, projecting them into a higher dimension, where there is no boredom or pretense.

"Who do we pretend to be?"

The desire for plasticity and the hidden relationship between physicality and light animate the nocturnal and nude figures of *Body and Cloud*. There are no more predefined white lines or silhouettes that limit or direct the form: it is pure color that even shines in the darkness, showing variously "who we force ourselves to be," revealing that we are infinitely tender though trapped within the multicolored armor of the soul.

The ubiquitous object, the true "global voice," rebels against its stereotype as something dark, inanimate and empty: television has a soul. Alive, sprightly and irreverent. The soul of TV tells Millar, for once, of reality as she sees it, in an exhilarating inversion of prospective: it is the eyes of TV that scrutinize and interrogate us, suggesting an unexpected version of the day-to-day that is totally raw.

"Who tells us who we are? Who teaches us to be?"

In *Opera del Carro* Millar lets it be our magical and spiritual dimension, encoded in the complex alchemical and symbolical formulae of tarot cards, which takes the wheel of existence. To drive us through fears and dreams: the charms of the irrational.

Angels and spirits that normally inhabit silently and incognito our thoughts and emotions, now come out into the open, showing us their maneuvers, whispering paths and destinations.

"Who do we carry inside us? How many souls do we have?"

Thousands of conscripted words, like obedient soldiers, are lined up in *Cruciverba* to look for the original word and whatever became of it.

But Beatriz Millar's word-soldiers are not stiff. They are as agile as acrobat-conjurors, tying themselves into knots, showing us never before imagined combinations.

Another possible world.

"Who were we?" and "Who will we be?"

In *Bandiere* the search for an alternative identity for a world gone crazy becomes urgent: opposites clash, come to blows and finally reach an accord.

Sharon speaks to Arafat, Saddam speaks to Bush. The eight giants of the world economy meet their eight poorer brothers.

The symbols revisit their glory in a new, more accessible light. The monuments that globally and eternally identify cities manifest themselves in their all too human pattern of fingerprints.

Victory and success are achieved step by step, escaping from mental prisons with a smile on one's lips. These flags brandish messages. Ideas, emotions.

They rebel against the forms traditionally imposed on them, until they themselves become the message, entreating *Help* or *Hope*.

Sharon parla con Arafat, Saddam con Bush. Gli otto colossi dell'economia mondiale conoscono gli otto fratelli più poveri.

I simboli rivisitano la loro gloria in una luce nuova, più accessibile. I monumenti che identificano globalmente ed eternamente una città si svelano nella loro umanissima trama d'impronte digitali.

La vittoria e il successo si raggiungono passo dopo passo, sfuggendo alle prigioni mentali con il sorriso sulle labbra.

Queste bandiere sventolano messaggi. Idee, emozioni.

Queste bandiere si ribellano alla forma tradizionalmente loro imposta, fino a divenire esse stesse il messaggio, a invocare *Help*, oppure *Hope*.

Nuove identità sperate: "Chi saremmo?".

Le *Coloured Lips* di Millar declinano nella forza dei colori primari, al ritmo incalzante del rap, le provocazioni e contraddizioni della società moderna.

Urlano parole forti, ma la dolcezza promettente con cui si schiudono le labbra nell'immagine riporta all'idea di un insistente sussurro, di un mantra persistente che porteremo con noi.

"Chi siamo?".

The True Lipser: edizioni straordinarie che in prima pagina spogliano voracemente Millar e la rendono nella sua ironica e travolgente personalità. Prende in giro il mondo e, attraverso esso, sé stessa, inventando nuovi capi d'accusa per un'Inquisizione moderna che cerca di intrappolare in una definizione la *Donna* fuori dagli schemi, sopra le righe, senza regole.

Bocca della verità che canta il falò delle vanità.

"Chi sono?".

La bocca. Colorata, carnale e carnosa. Golosa.

Mezzo di risposta, strumento della voce.

Bocche fotografate, soggetti e oggetto di cronaca.

Dopo un umano percorso, la bocca conquista il cielo.

Non snocciola più giocosi scioglilingua o irriverenti slogan.

È una nuova alba. Dove il silenzio prende voce.

Morningdiary.

Ora Millar e con lei i suoi colori e la sua festa permanente, pregano.

"Chi posso essere?".

Mille risposte ancora. Che verranno.

Alba dopo alba.

Vivendo.

Intensamente, e teneramente.

Start now to breath.
Take this new rhythm.
Darkness release.

New hoped for identities: "Who will we be?"

Millar's *Coloured Lips* state, with the strength of primary colors and the relentless rhythm of Rap, the provocations and contradictions of modern society.
They shout vehement words, but the promise of sweetness that the parting lips make, refers to the idea of an insistent whisper, a persistent mantra that we will take with us.
"Who are we?"

The True Lipser: these are unique editions that denude Millar on the front page to render her ironic and irresistible personality. They make fun of the world and, through it, herself, inventing new charges for a modern Inquisition that seeks to trap within a definition the *Woman* who breaks out of the mold. Who doesn't toe the line. Who is lawless.
The mouth of truth that sings the bonfire of vanities.
"Who am I?"

The mouth. Colored, carnal and fleshy. Greedy.
Means of reply, instrument of the voice.
Photographed mouths, news subjects and objects.
After a human journey, the mouth conquers the sky.
It no longer rattles off playful tongue-twisters or irreverent slogans.
It is a new dawn. Where silence has a voice.
Morningdiary.
Now Millar and, with her, her colors and her permanent party, pray.
"Who can I be?"
Again a thousand replies. That will come.
Dawn after dawn.
Living.
Intensely and tenderly.

Start now to breathe.
Take this new rhythm.
Darkness release.

PATCH THE FLAGS: THEY DANCE THE BE(A)-BOP

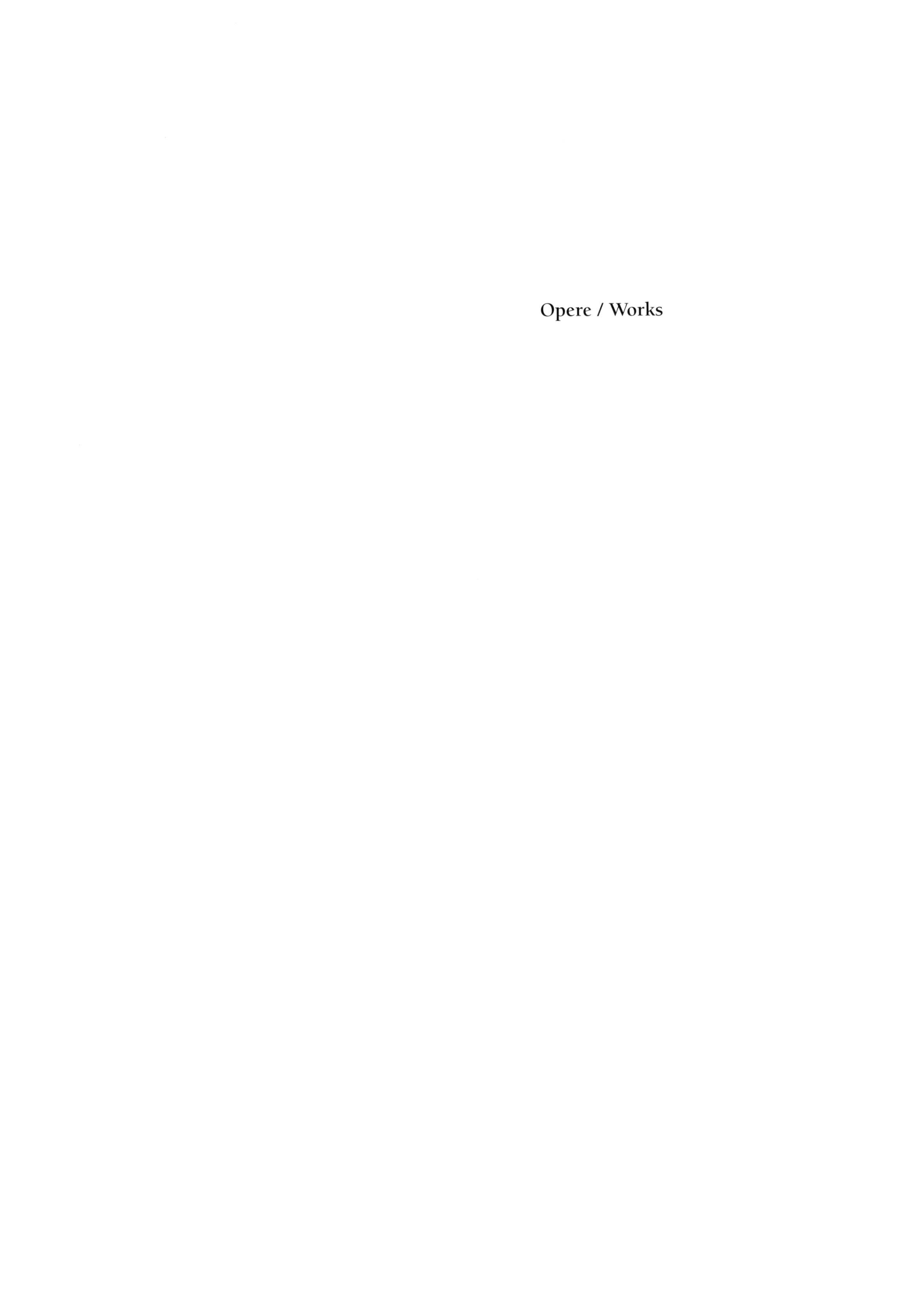

Opere / Works

Shave the War, 2001

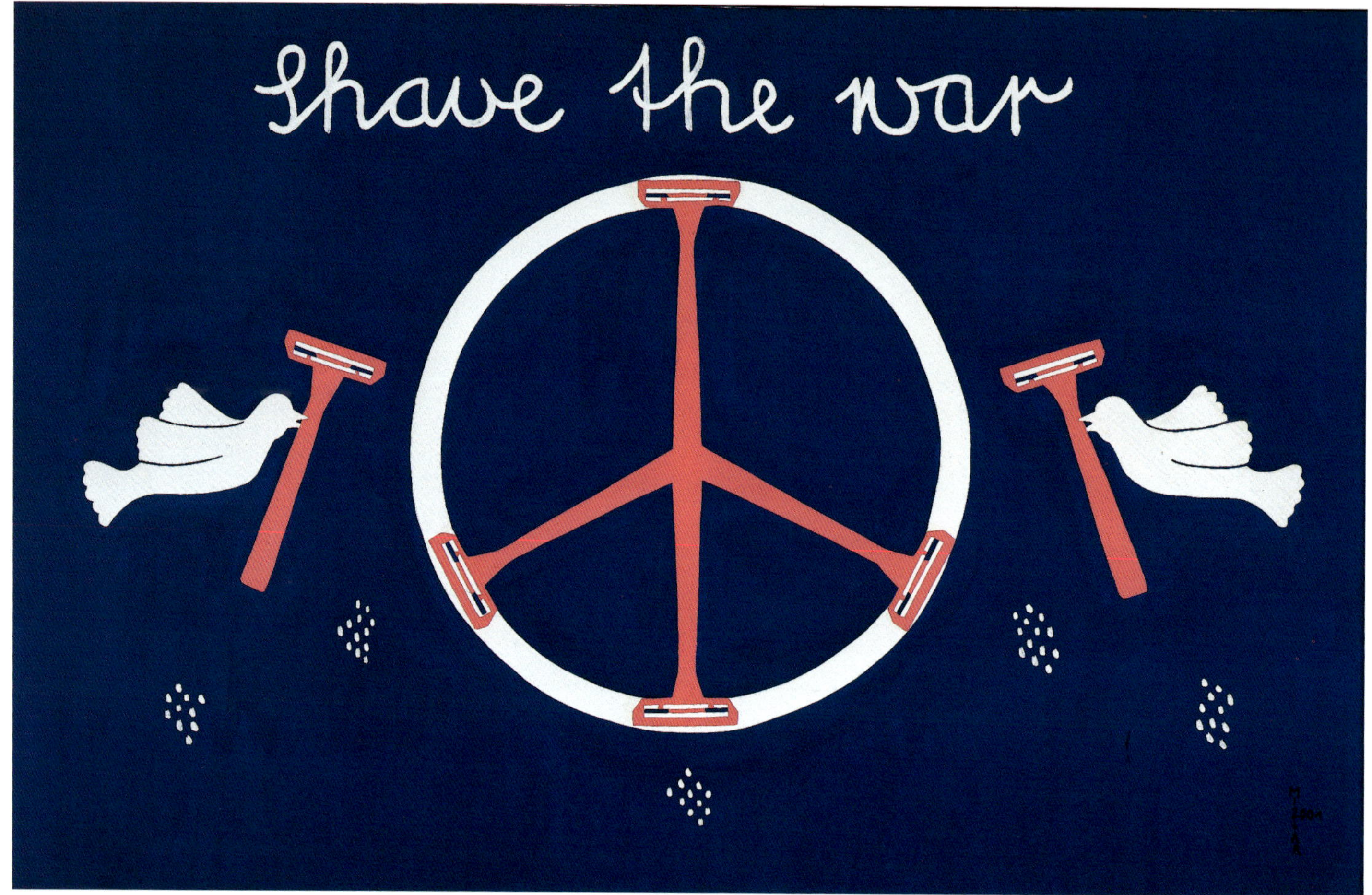

Swiss Flag, 2001

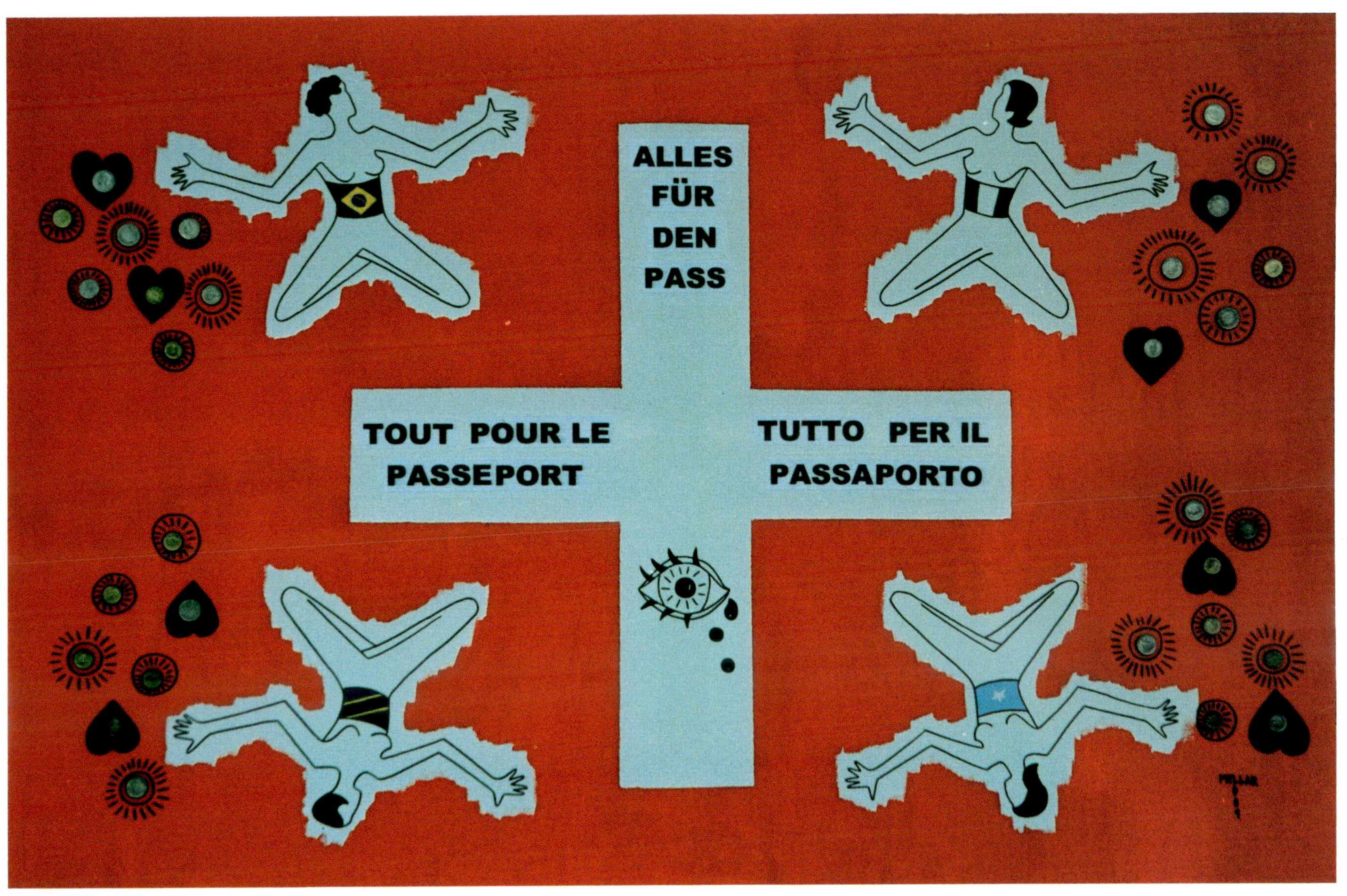

ALLES
FÜR
DEN
PASS
TOUT POUR LE
PASSEPORT
TUTTO PER IL
PASSAPORTO

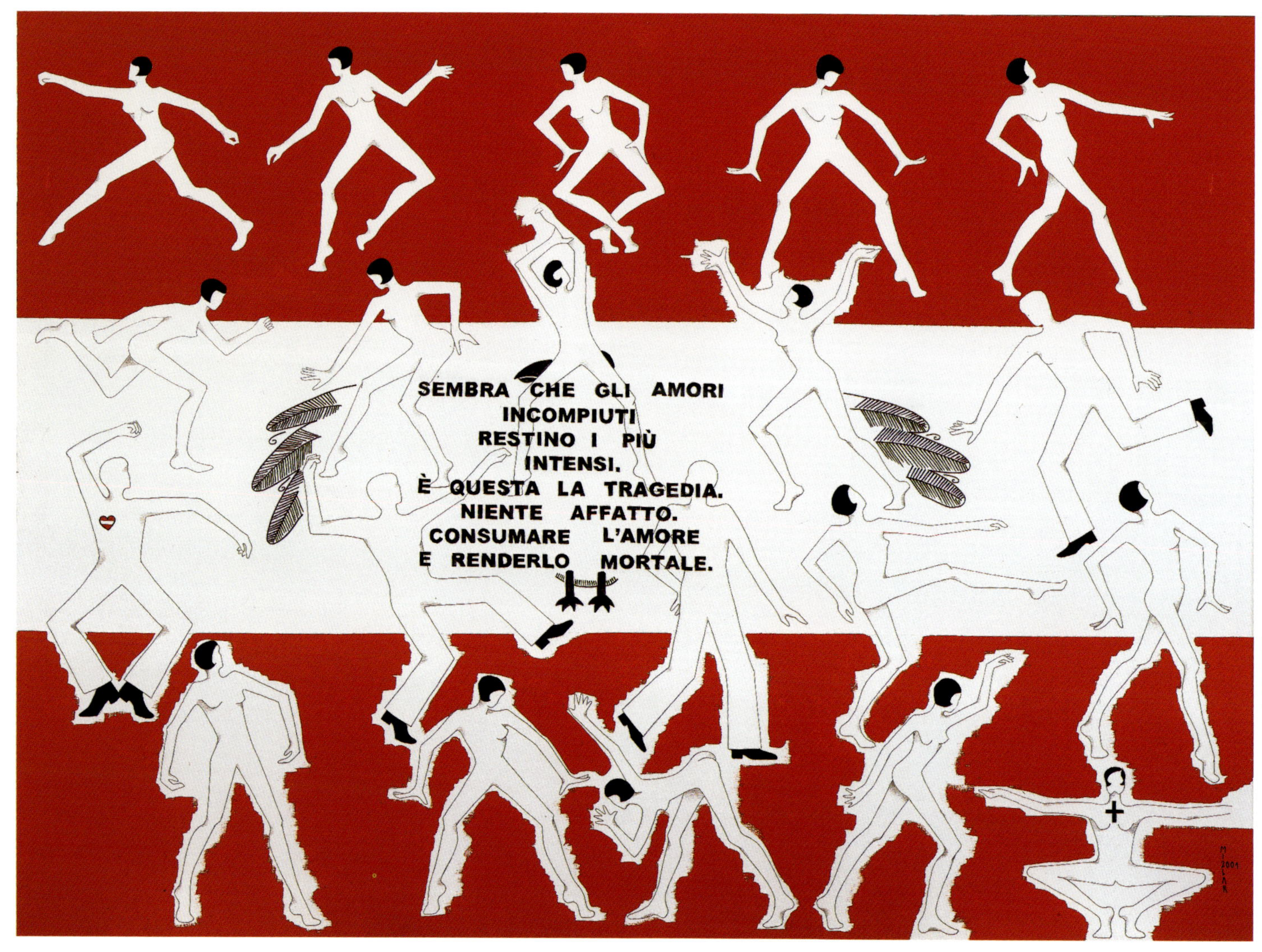

Austrian Flag, 2001
(tratto da/taken from *Bruciante Segreto*
di/by Stefan Zweig)

Lebanese Flag, 2001
(tratto da/taken from *Quando l'amore chiama, seguilo*
di/by Khalil Gibran)

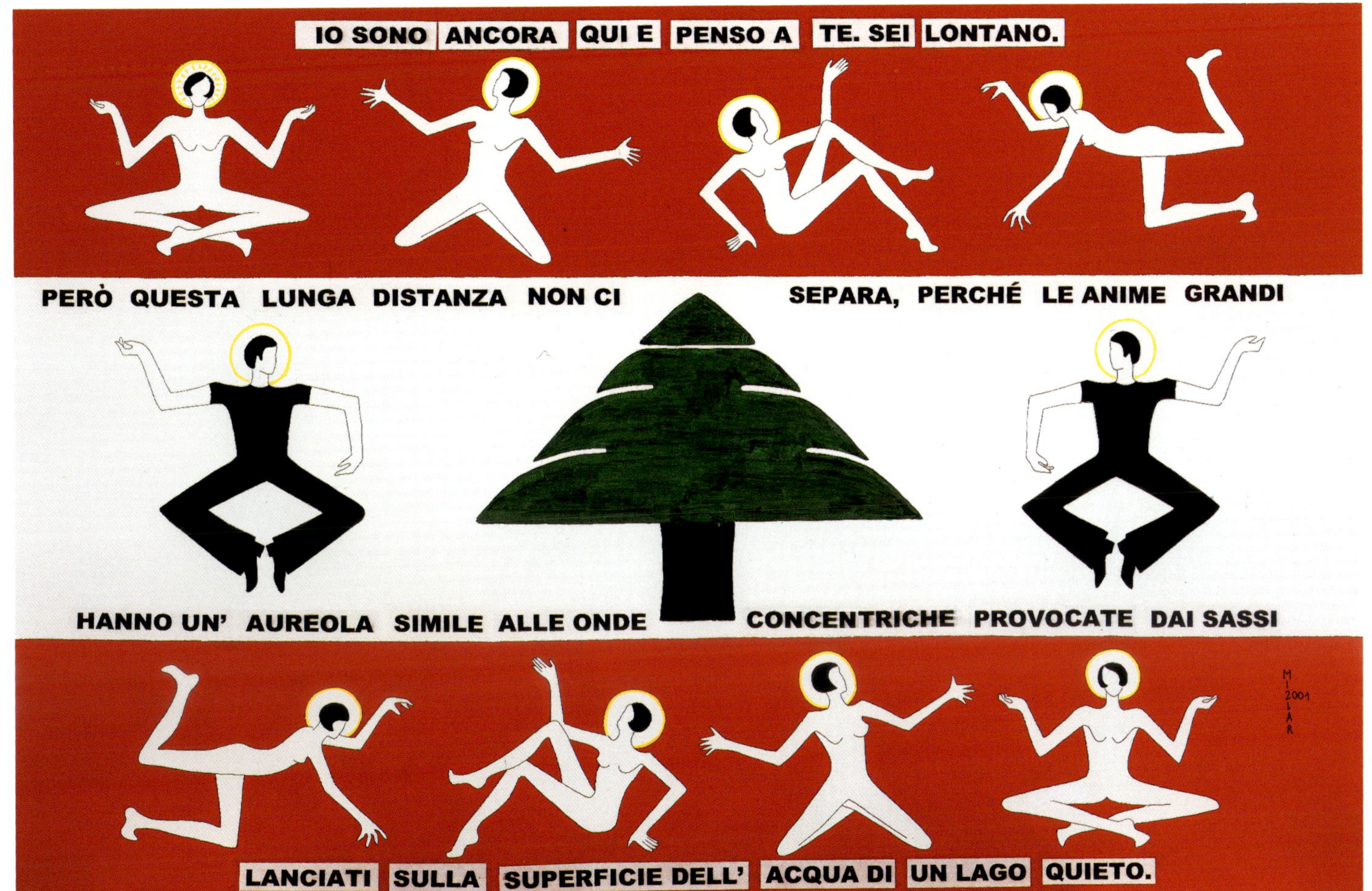

Israpal, 2001

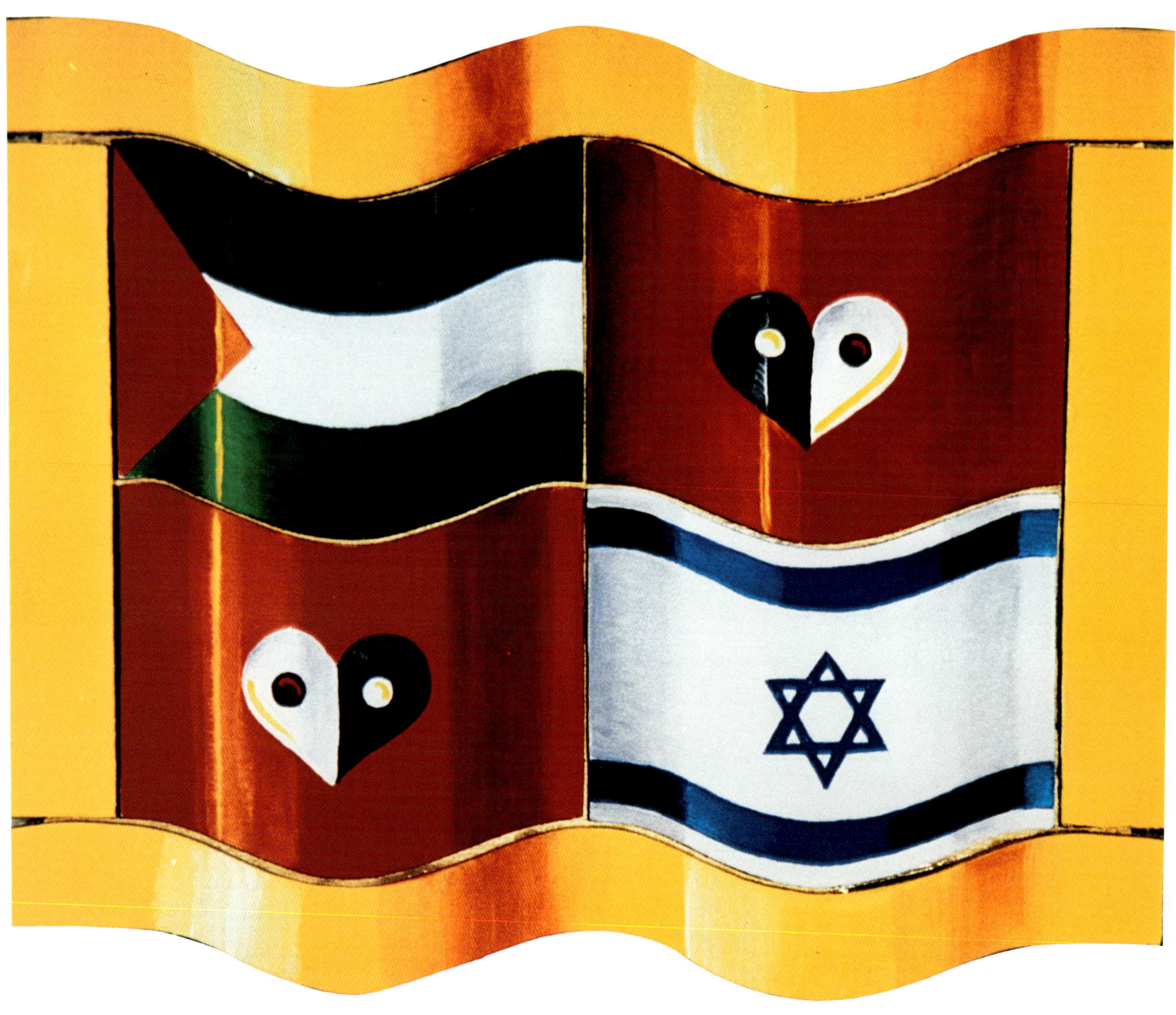

Shave the War, 2001

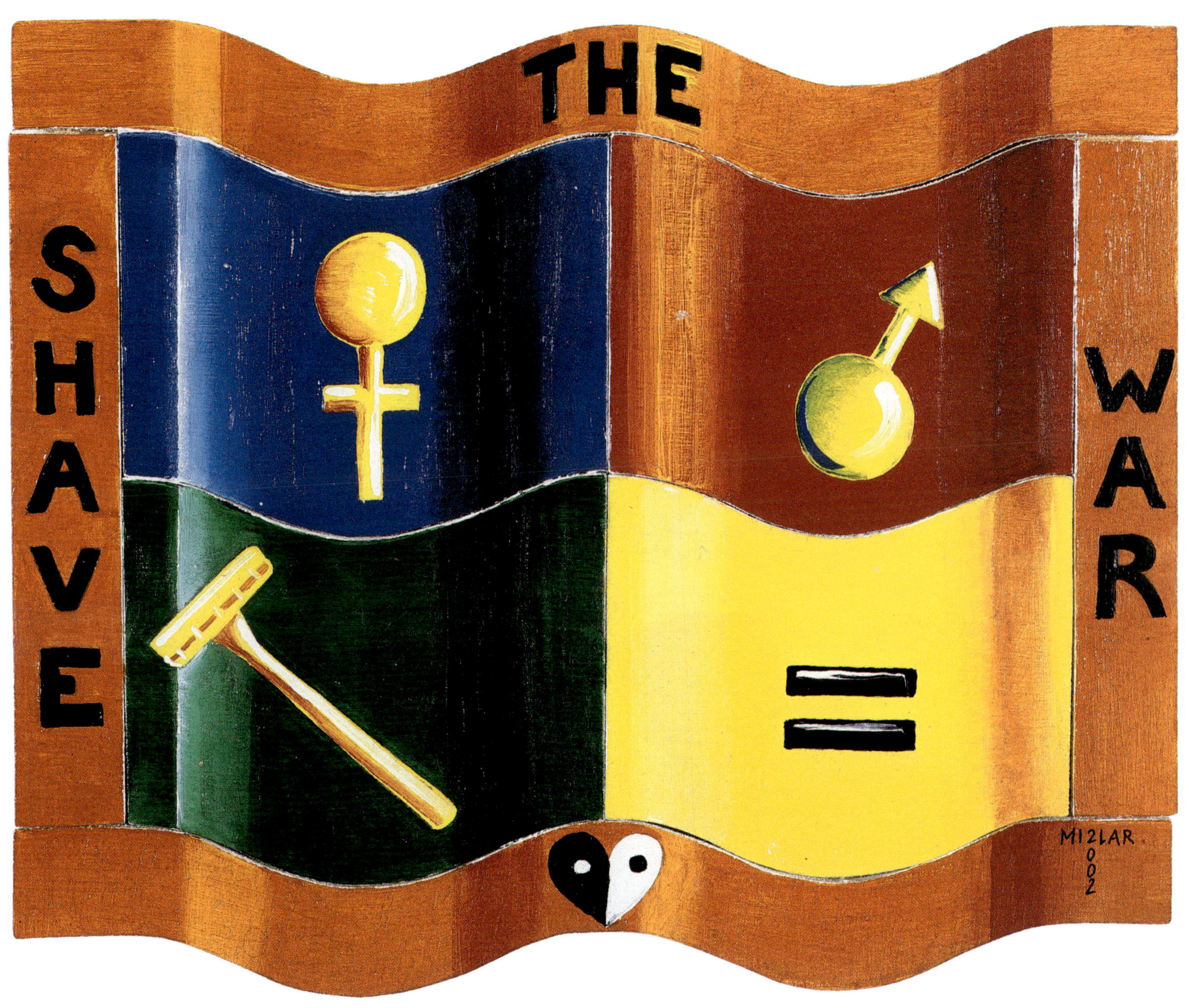

Cross 1, 2002   Cross 3, 2002   Cross 2, 2002

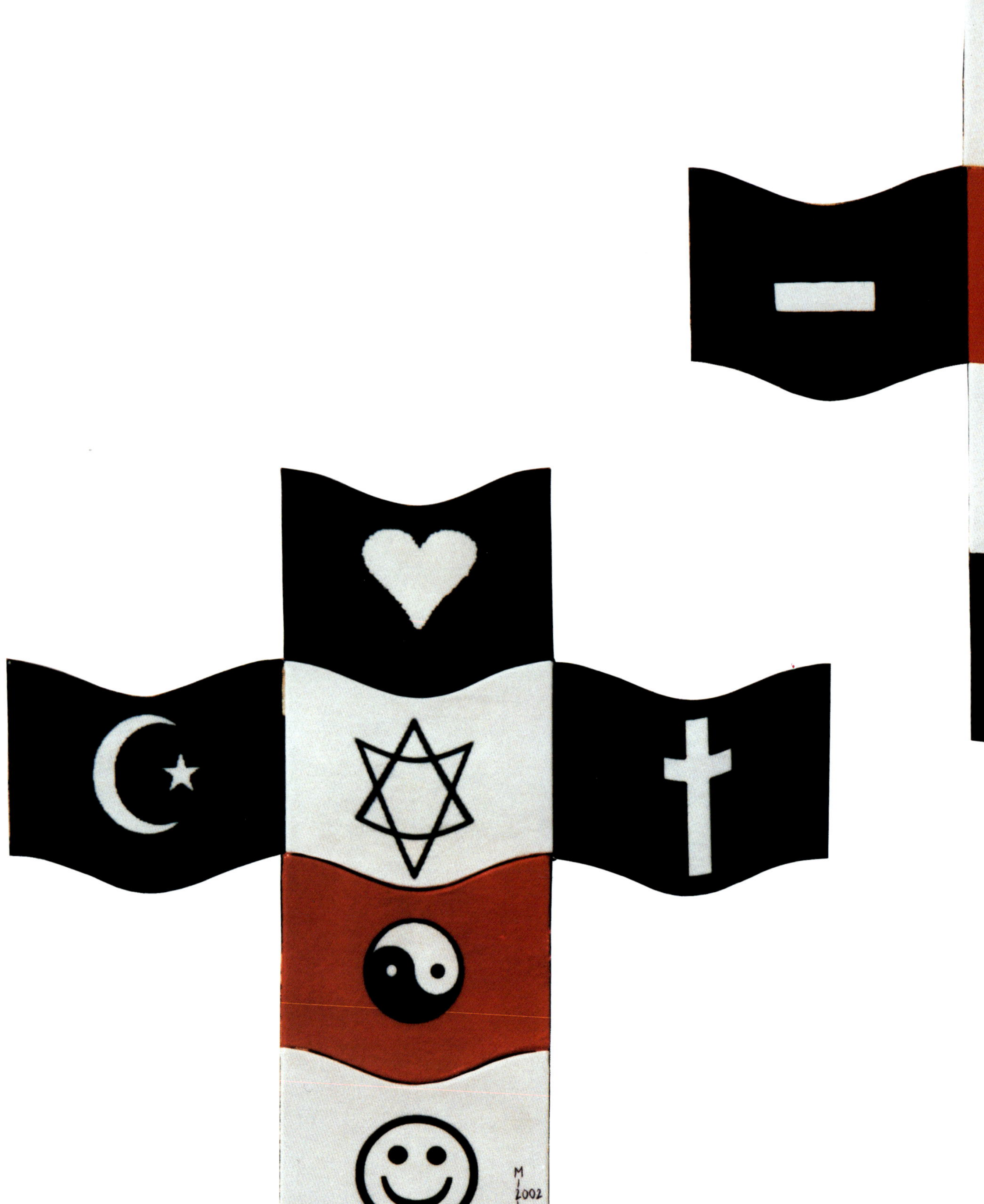

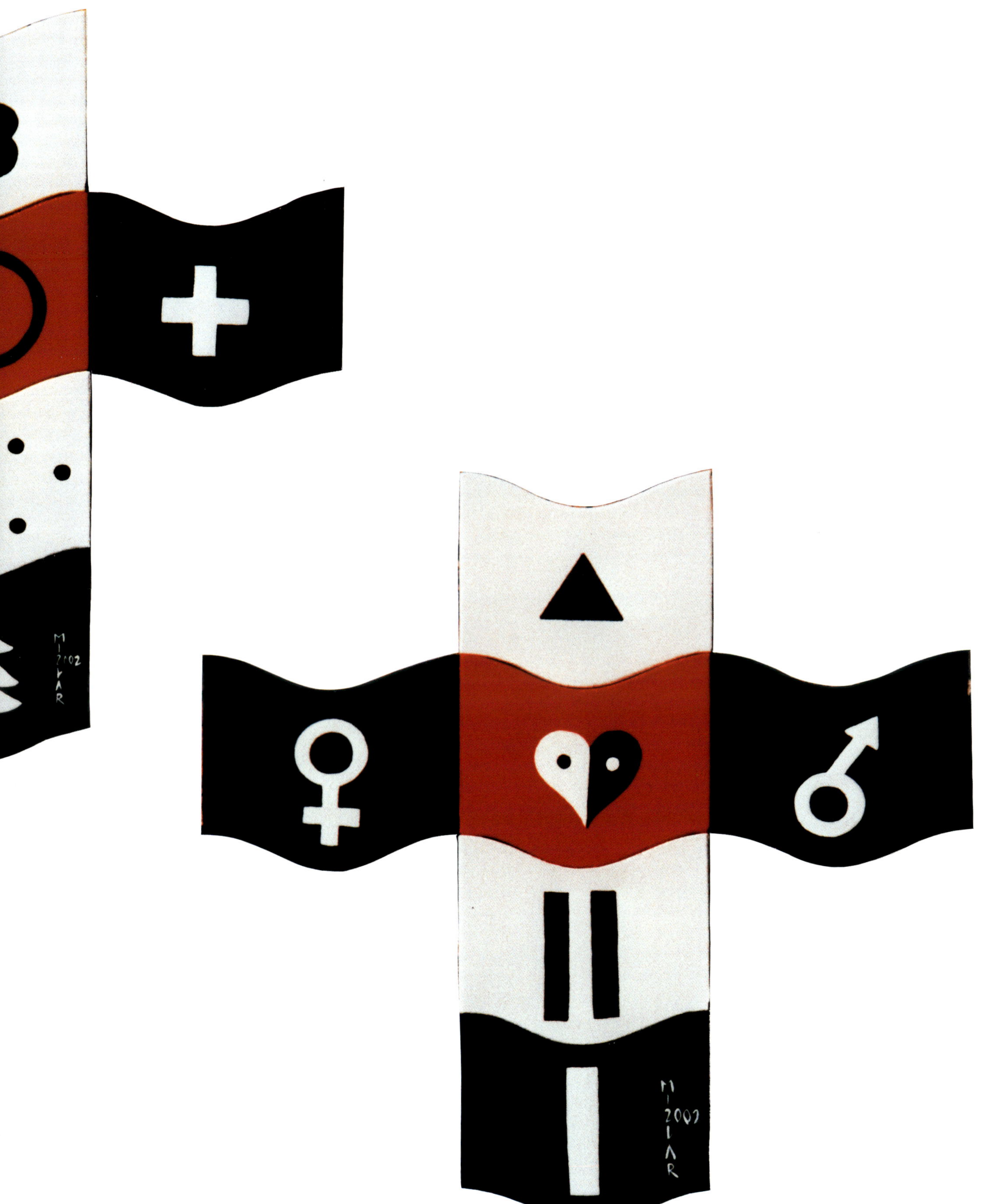

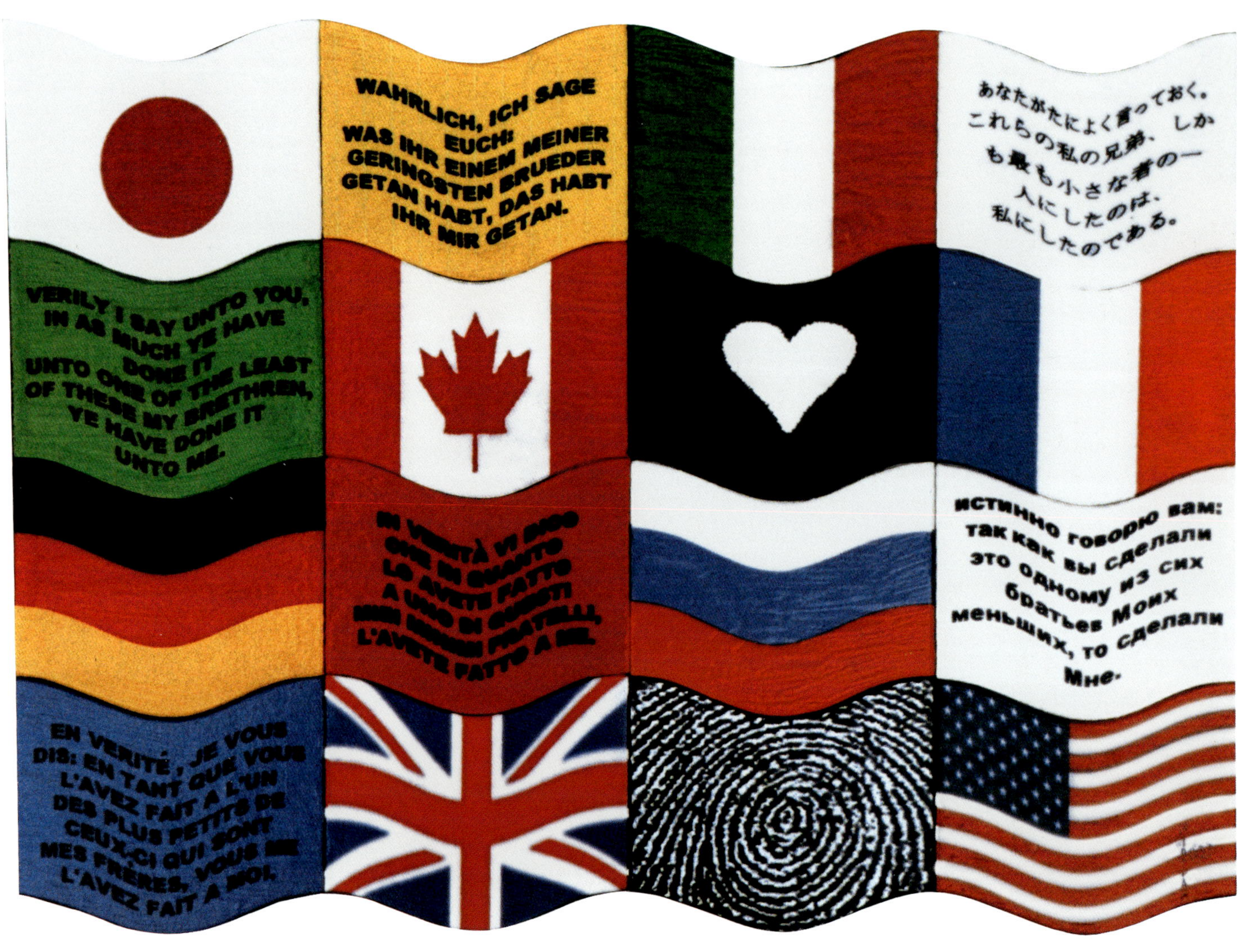
VERILY I SAY UNTO YOU, IN AS MUCH YE HAVE DONE IT UNTO ONE OF THE LEAST OF THESE MY BRETHREN, YE HAVE DONE IT UNTO ME.
WAHRLICH, ICH SAGE EUCH: WAS IHR EINEM MEINER GERINGSTEN BRUEDER GETAN HABT, DAS HABT IHR MIR GETAN.
IN VERITÀ VI DICO CHE IN QUANTO LO AVETE FATTO A UNO DI QUESTI MIEI MINIMI FRATELLI L'AVETE FATTO A ME.
EN VERITÉ, JE VOUS DIS: EN TANT QUE VOUS L'AVEZ FAIT À L'UN DES PLUS PETITS DE CEUX-CI QUI SONT MES FRÈRES, VOUS ME L'AVEZ FAIT À MOI.
あなたがたによく言っておく。これらの私の兄弟、しかも最も小さな者の一人にしたのは、私にしたのである。
истинно говорю вам: так как вы сделали это одному из сих братьев Моих меньших, то сделали Мне.

Opposites, 2002

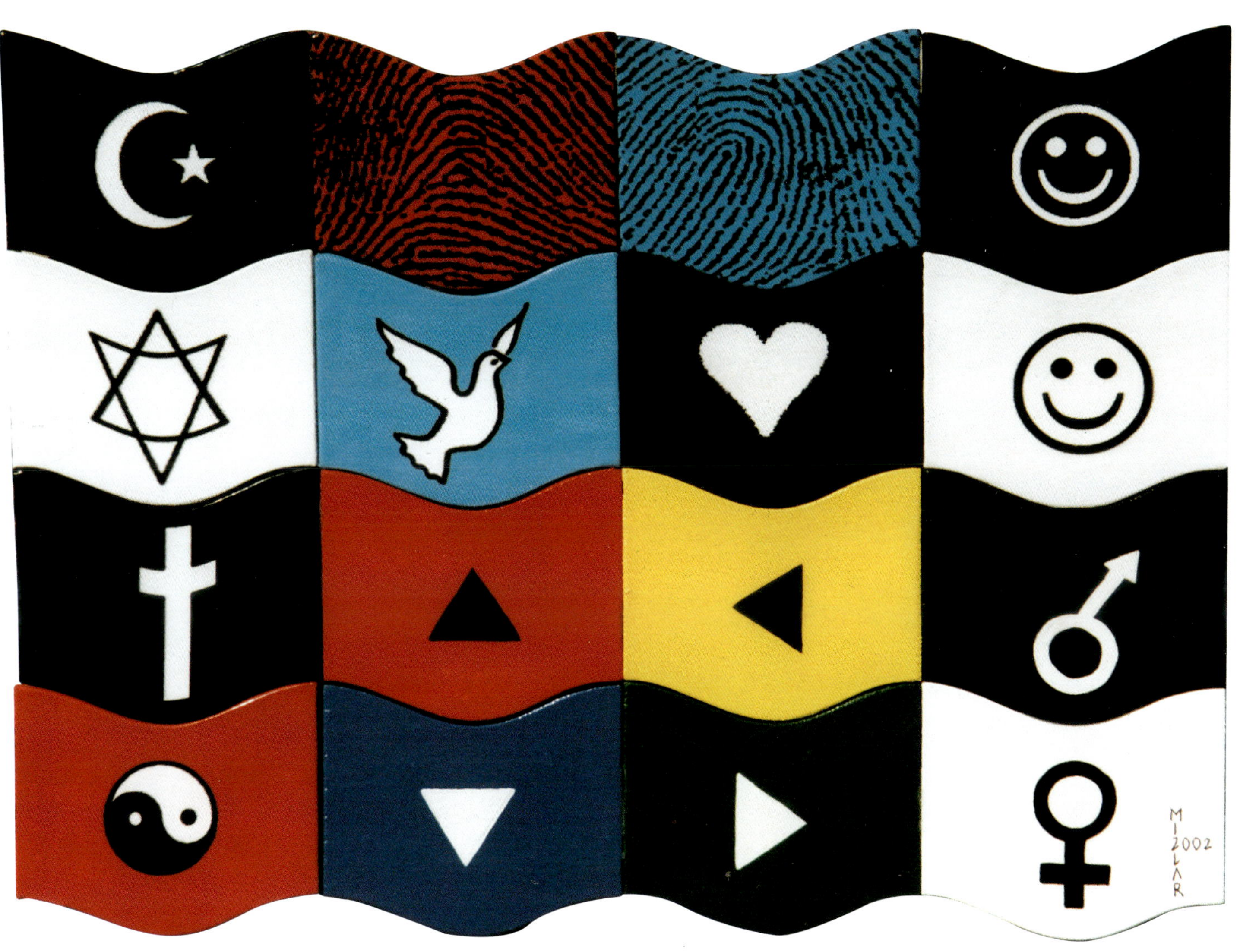

L.I.F.E., 2001

L.I.E.B., 2002

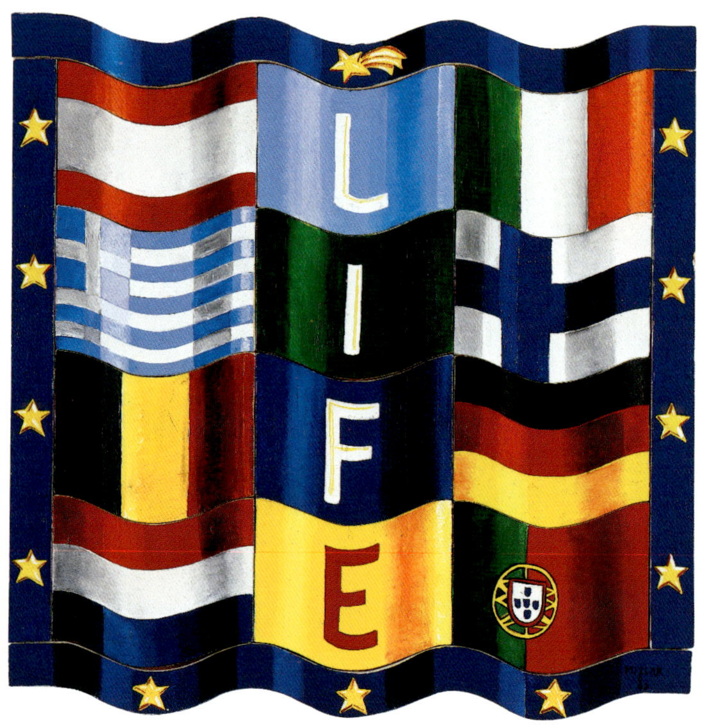

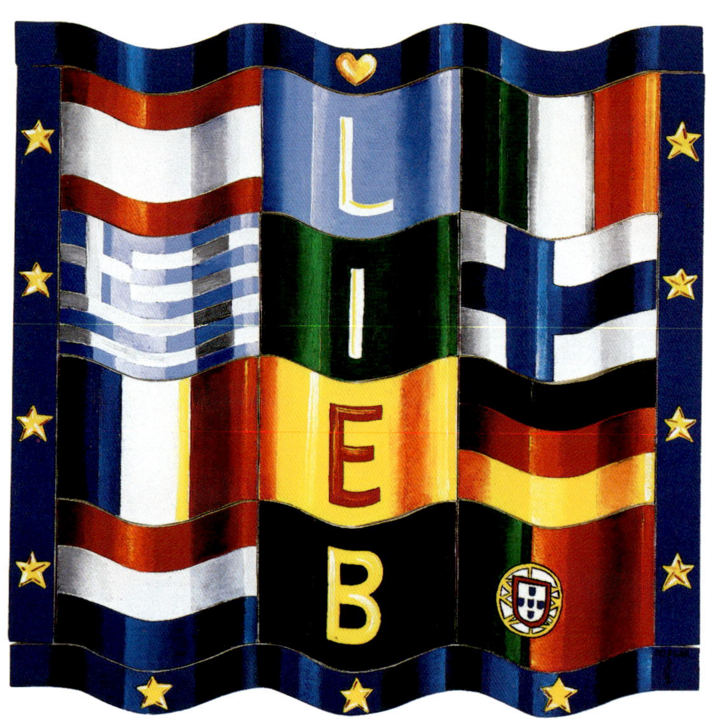

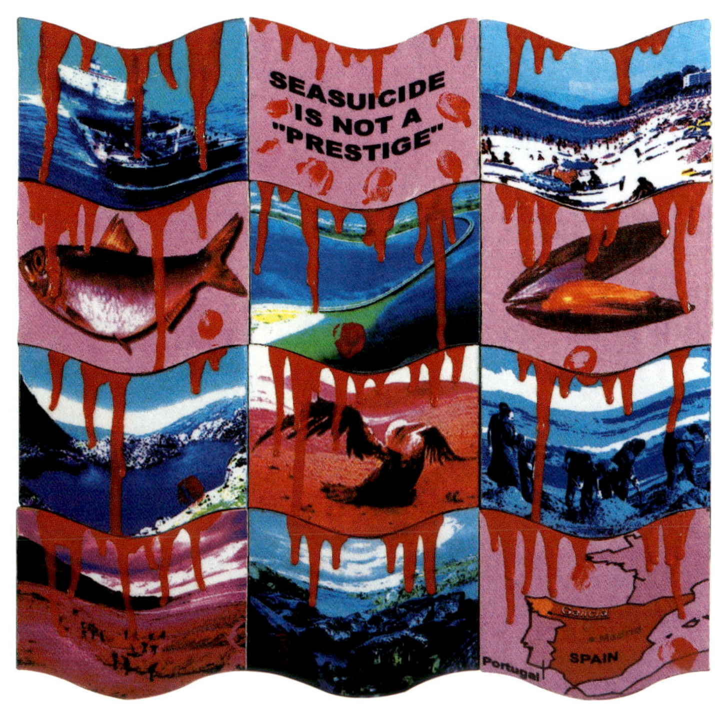

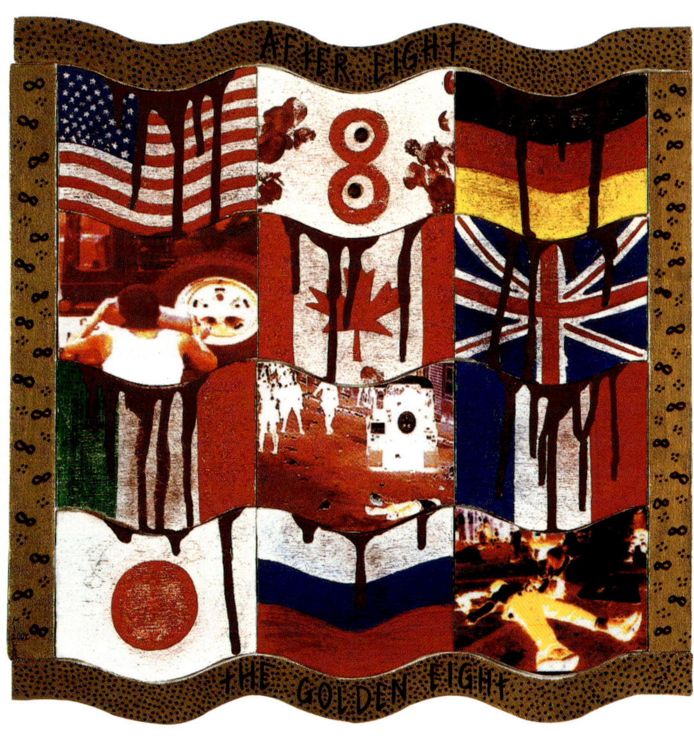

Seasuicide, 2002

The Golden Eight/After Eight,
2002

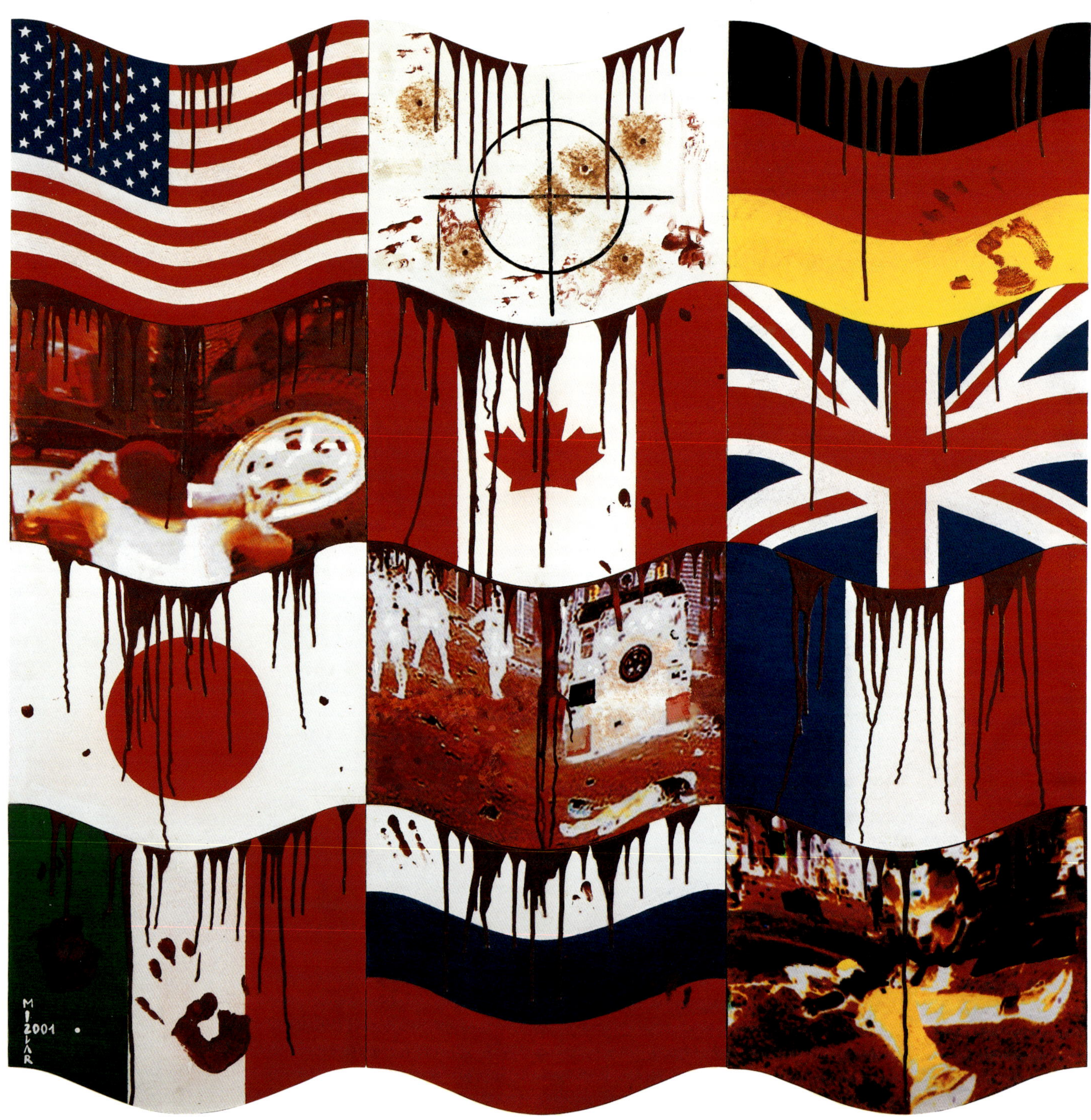

The Big Equilibrist, 2003

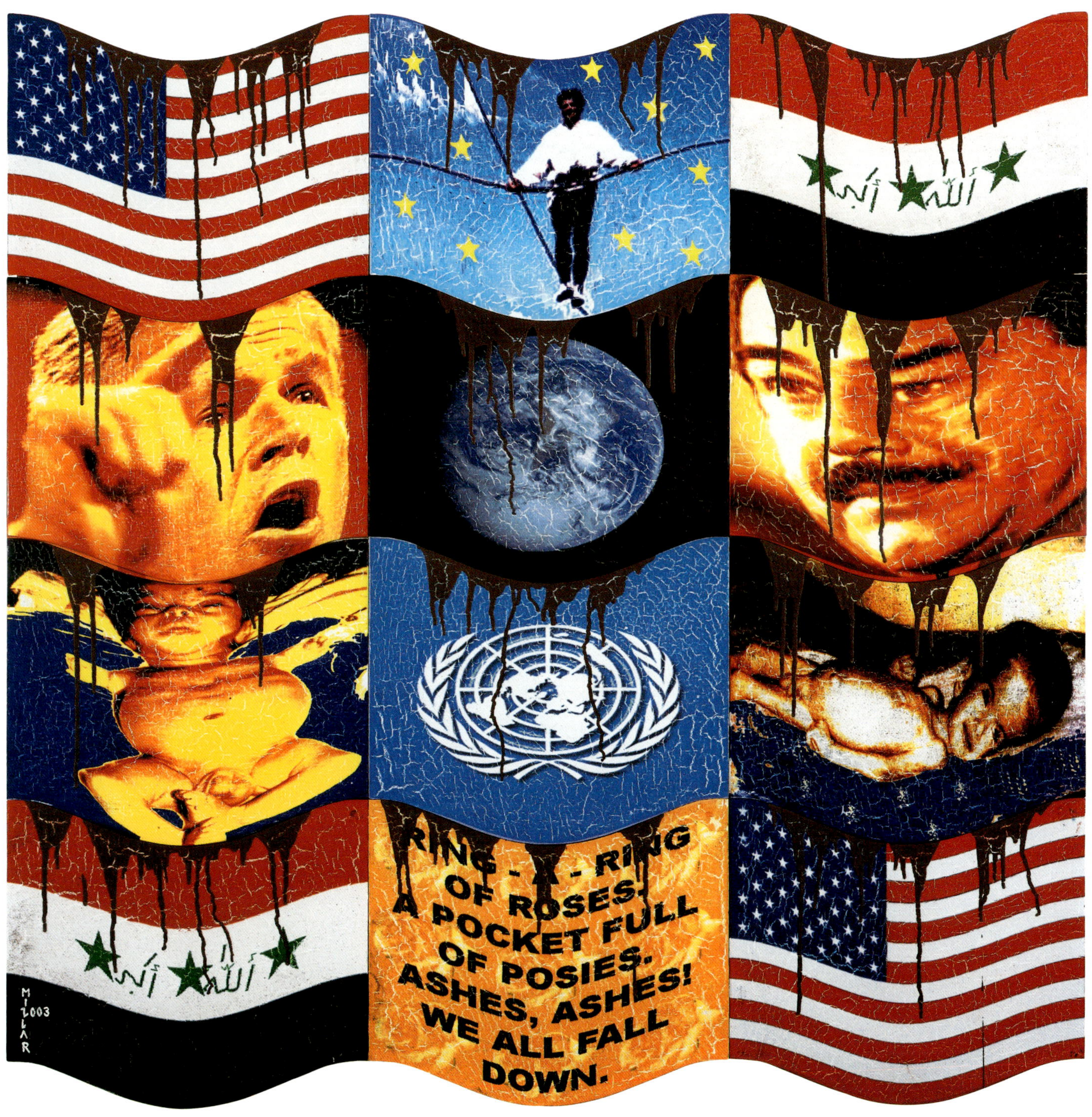

RING - A - RING
OF ROSES.
A POCKET FULL
OF POSIES.
ASHES, ASHES!
WE ALL FALL
DOWN.

Think Big, 2002   *Kings of Silic*, 2002

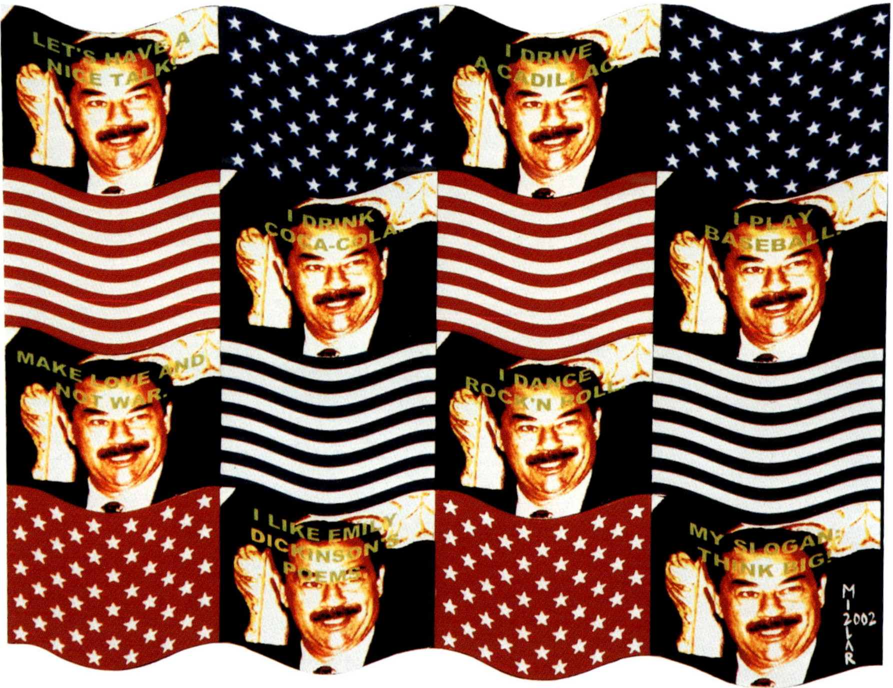

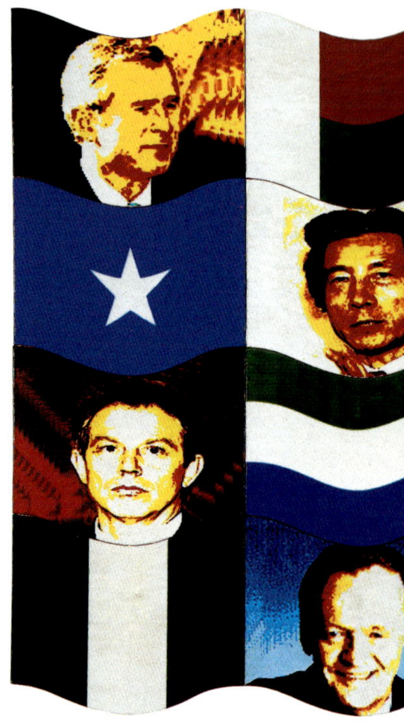

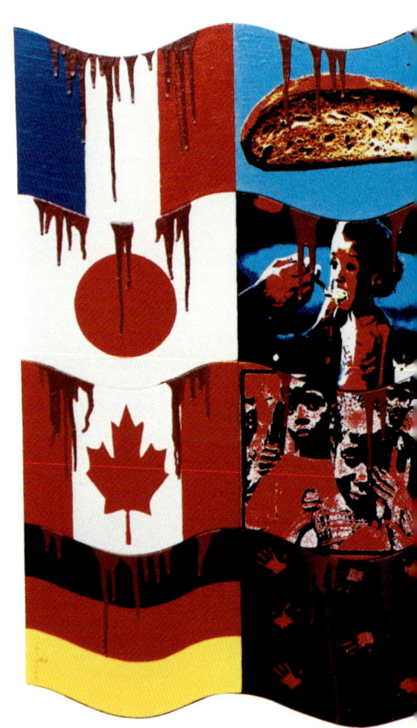

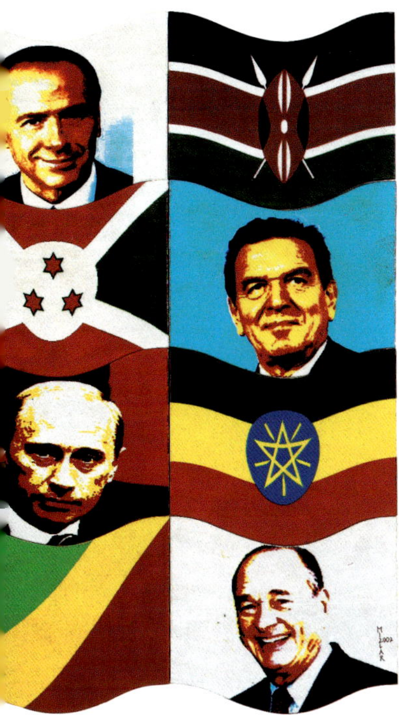

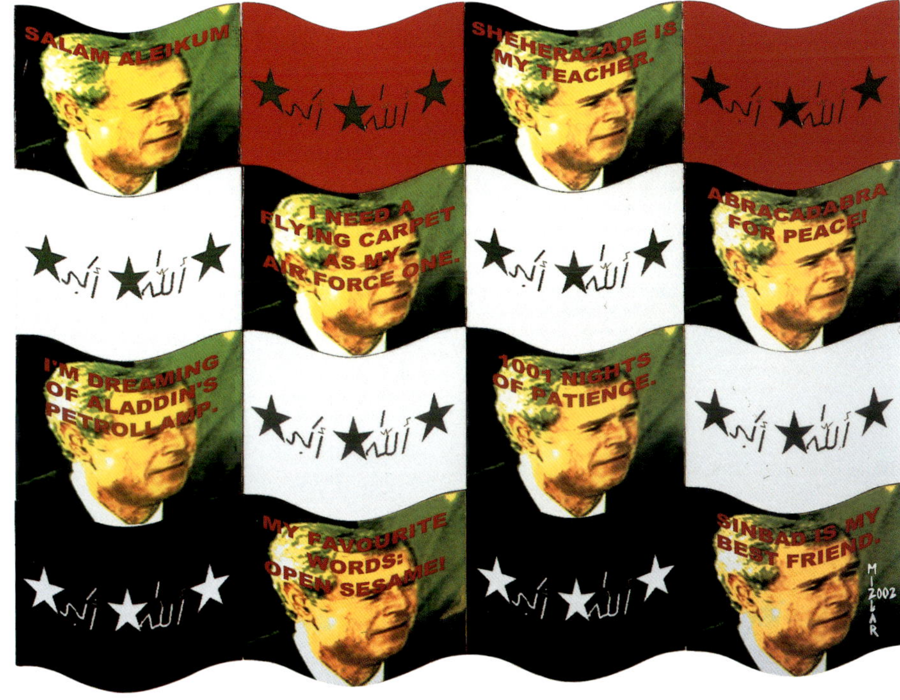
SALAM ALEIKUM
SHEHERAZADE IS MY TEACHER.
I NEED A FLYING CARPET AS MY AIR FORCE ONE.
ABRACADABRA FOR PEACE!
I'M DREAMING OF ALADDIN'S PETROLLAMP.
1001 NIGHTS OF PATIENCE.
MY FAVOURITE WORDS: OPEN SESAME!
SINBAD IS MY BEST FRIEND.

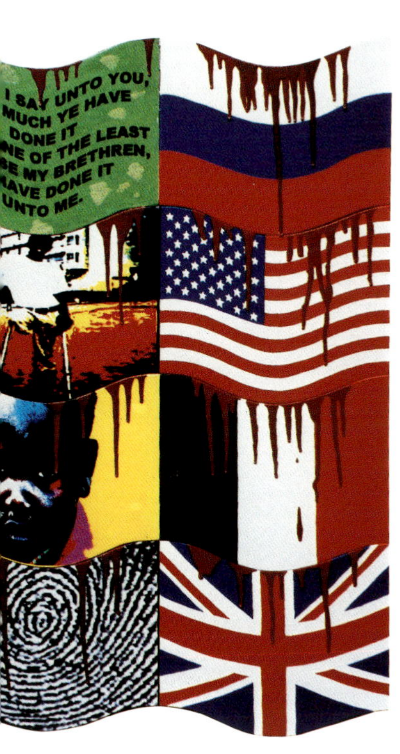
I SAY UNTO YOU,
MUCH YE HAVE
DONE IT
ONE OF THE LEAST
OF MY BRETHREN,
HAVE DONE IT
UNTO ME.

Knesset And Kefiah
(Arafat), 2003

Knesset And Kefiah
(Sharon), 2003

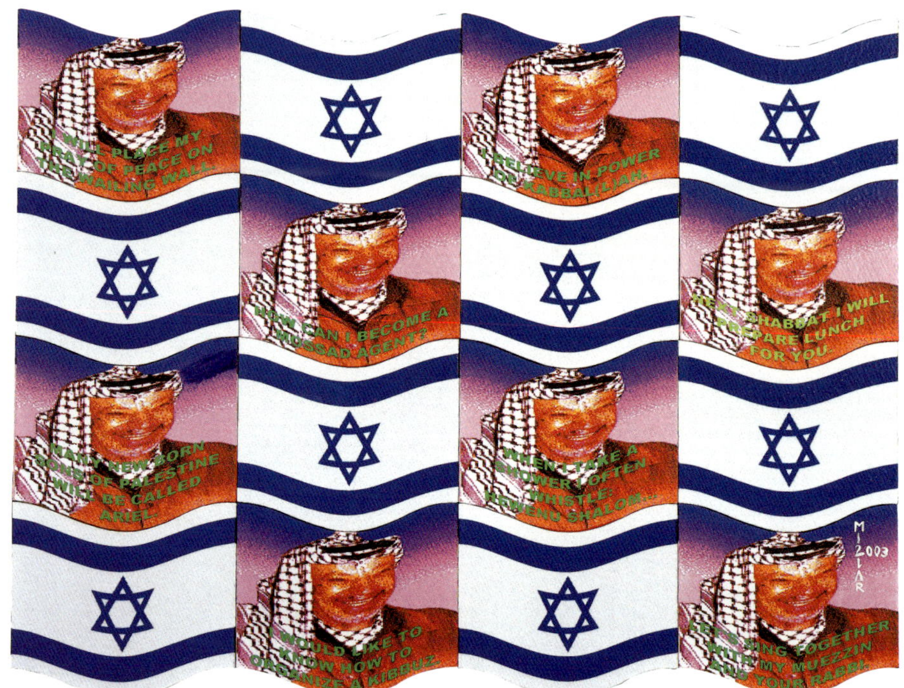

I WILL PLACE MY
WREATH OF PEACE ON
YOUR ACHING HAIR.

I BELIEVE IN POWER
ON SHABBATH.

I AM BORN
OUT OF PALESTINE
WOULD BE CALLED
ANGEL

HOW CAN I BECOME A
MOSSAD AGENT?

THEN SHABBAT I WILL
PREPARE LUNCH
FOR YOU

WHEN I SEE A
MOTHER I OFTEN
WHISTLE
SHALOM SHALOM...

I WOULD LIKE TO
KNOW HOW TO
ORGANIZE A KIBBUZ

TOGETHER
WITH MY MUEZZIN
AND YOUR RABBI.

M.I 2003

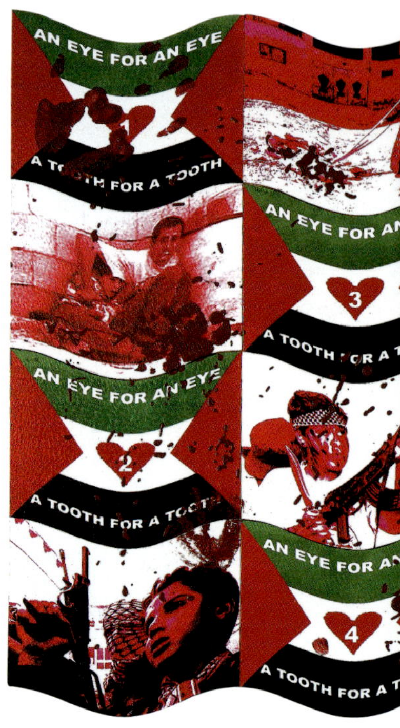

AN EYE FOR AN EYE

A TOOTH FOR A TOOTH

AN EYE FOR AN EYE

A TOOTH FOR A TOOTH

A TOOTH FOR A TOOTH

AN EYE FOR AN

3

A TOOTH FOR A T

AN EYE FOR AN

4

A TOOTH FOR A T

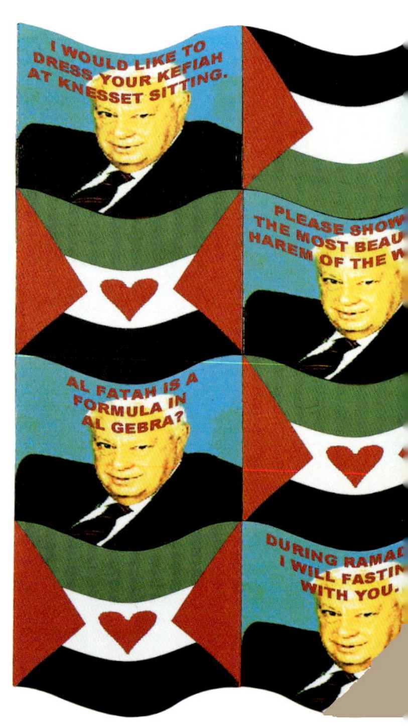

I WOULD LIKE TO
DRESS YOUR KEFIAH
AT KNESSET SITTING.

AL FATAH IS A
FORMULA IN
AL GEBRA?

PLEASE SHOW
THE MOST BEAU
HAREM OF THE W

DURING RAMA
I WILL FASTIN
WITH YOU.

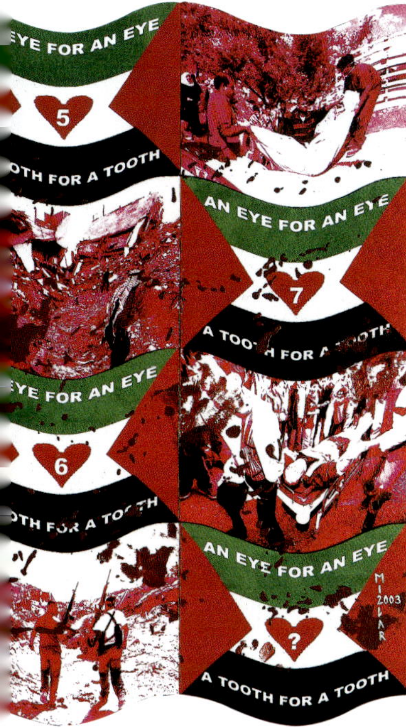

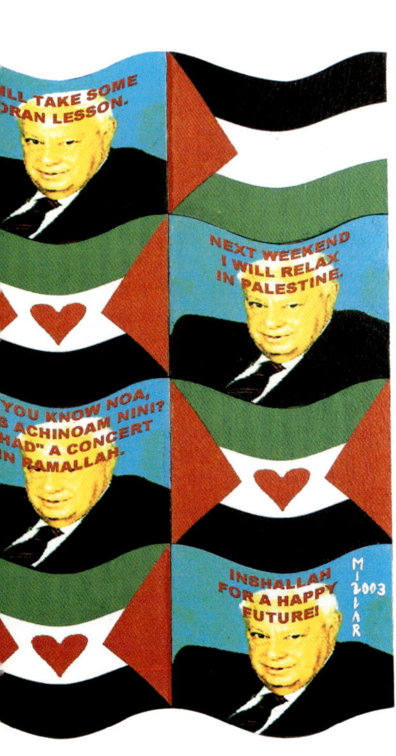

An Eye for an Eye
(Palestine), 2003

An Eye for an Eye
(Israel), 2003

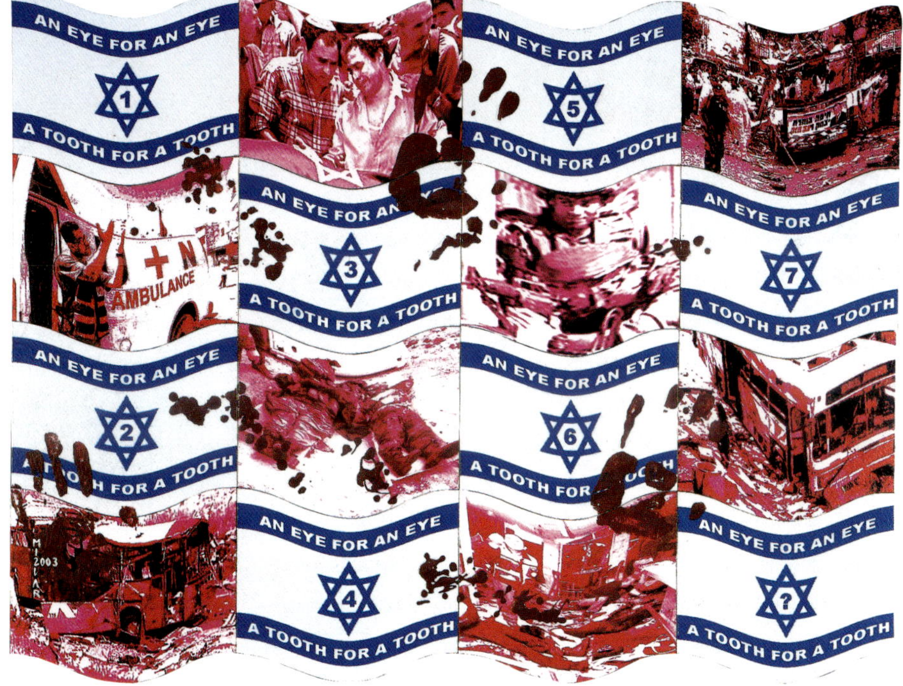

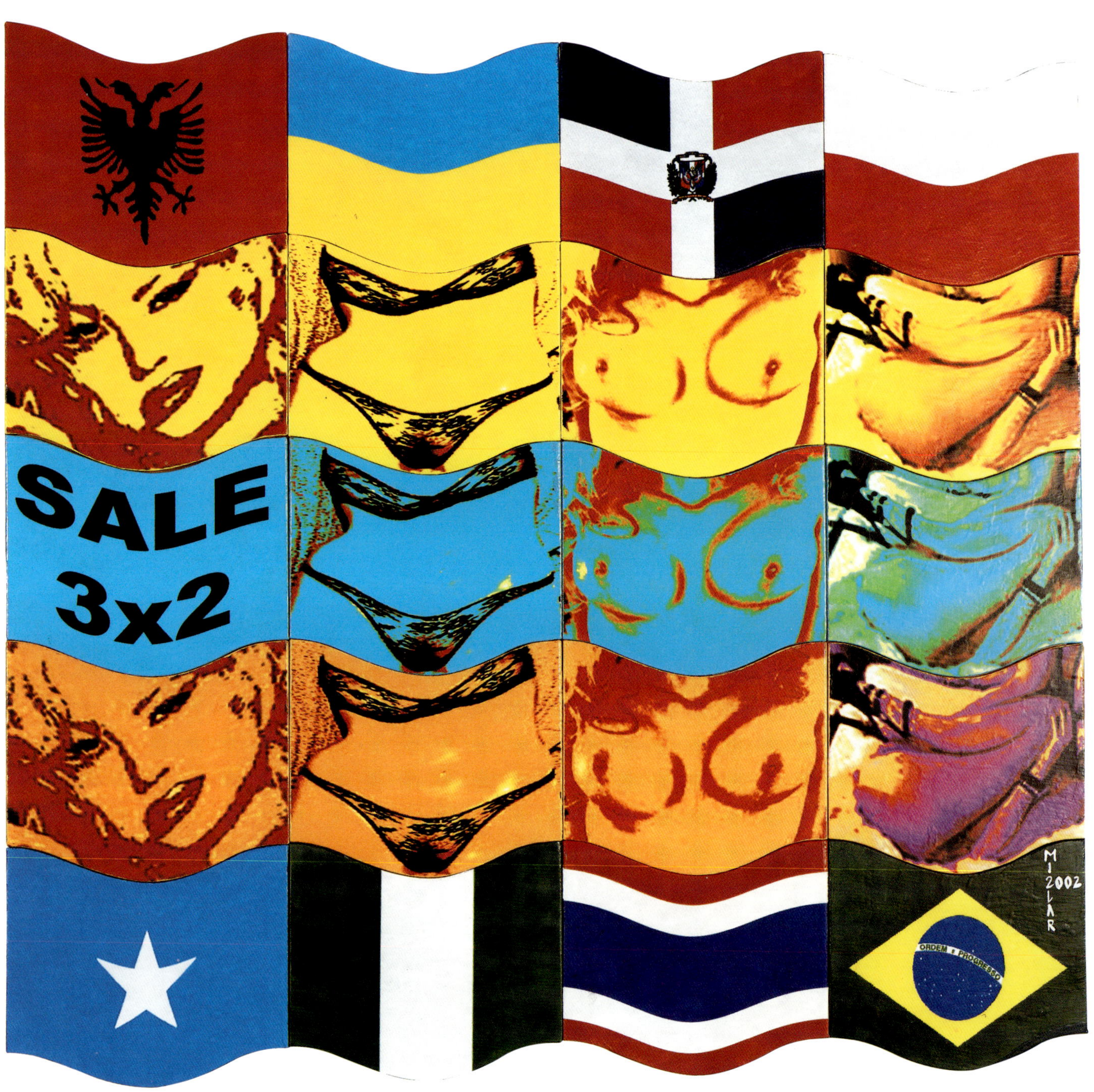

Sale 3 x 2, 2002

…As Cows…, 2002

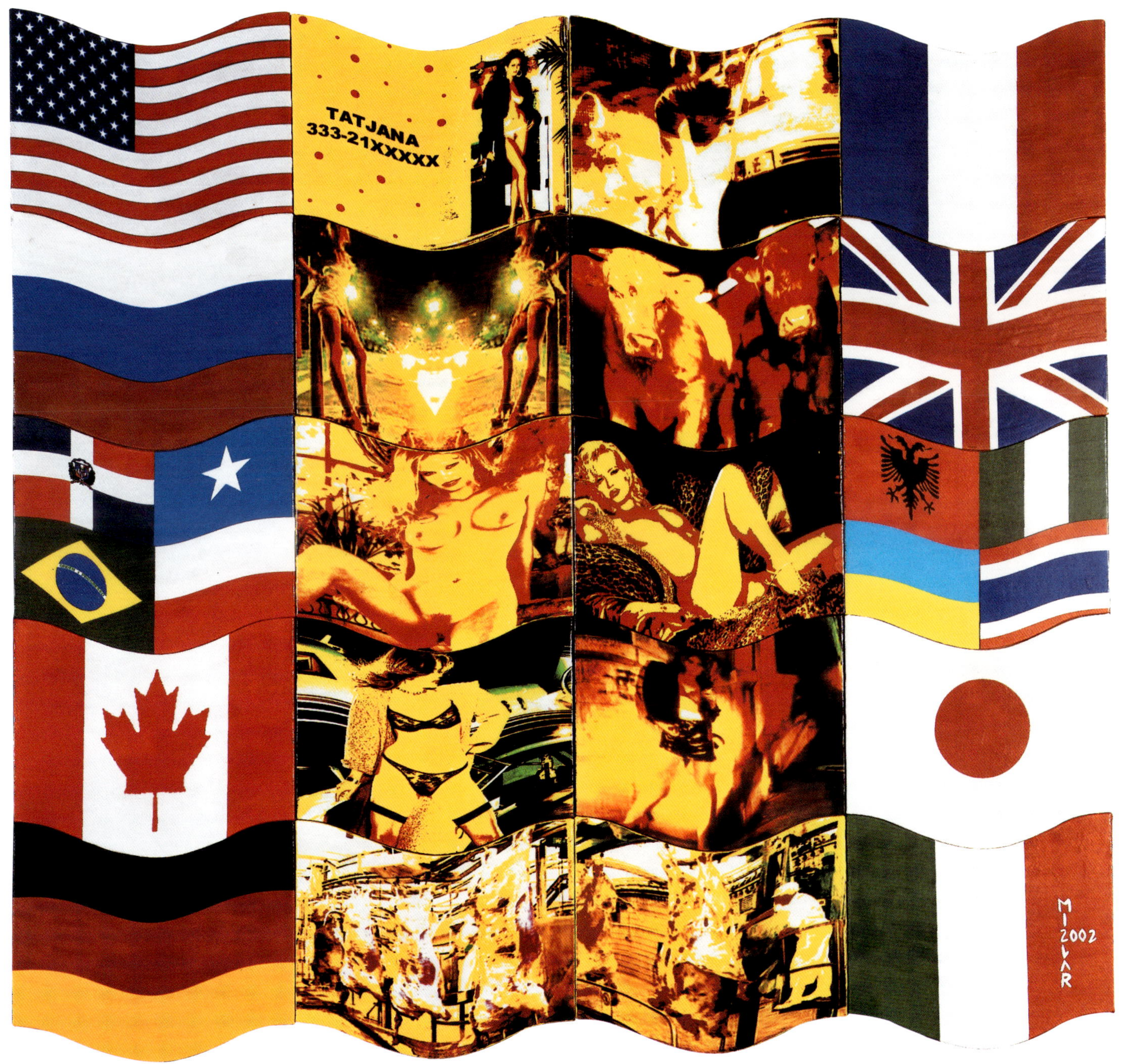

Red Monuments, 2002

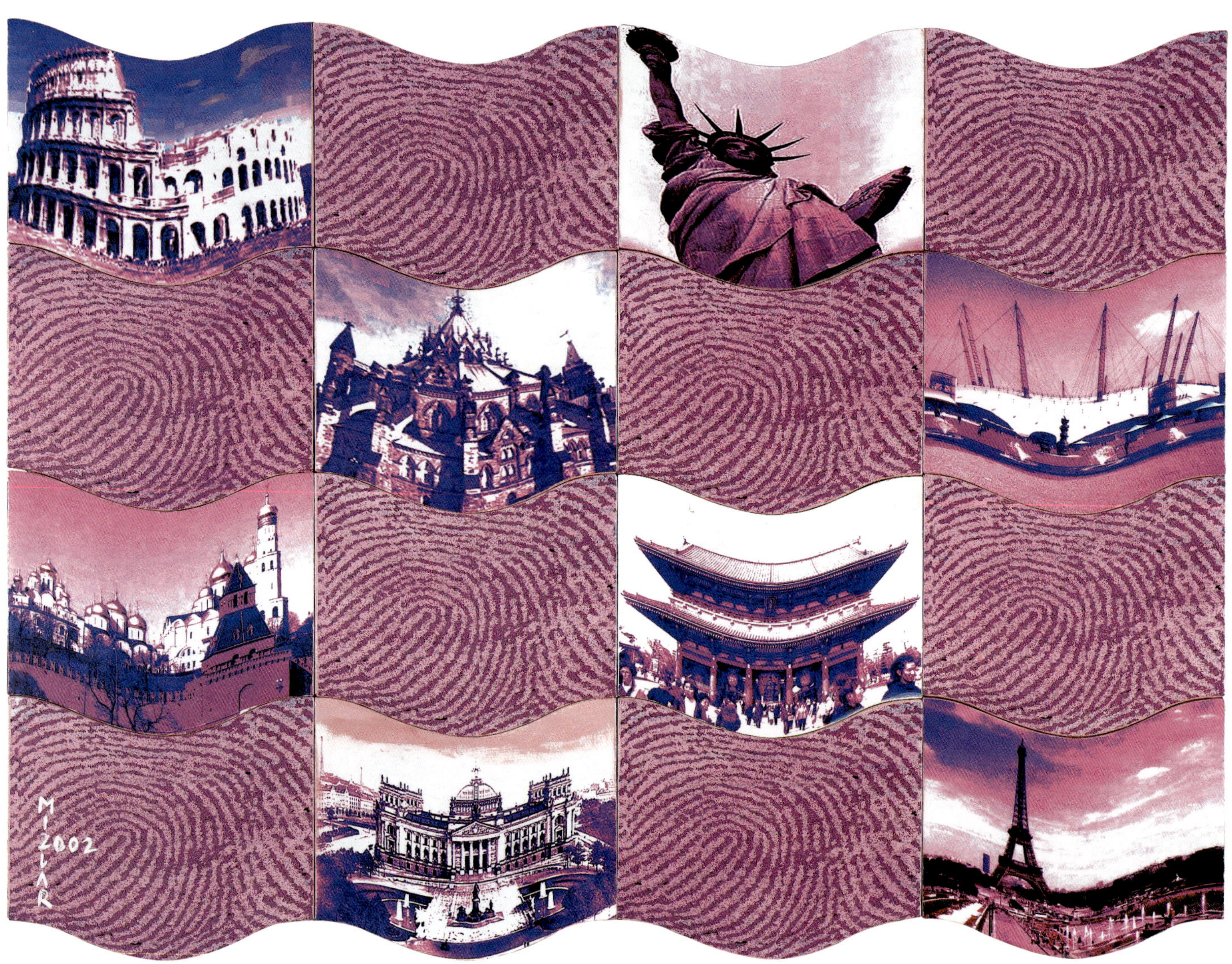

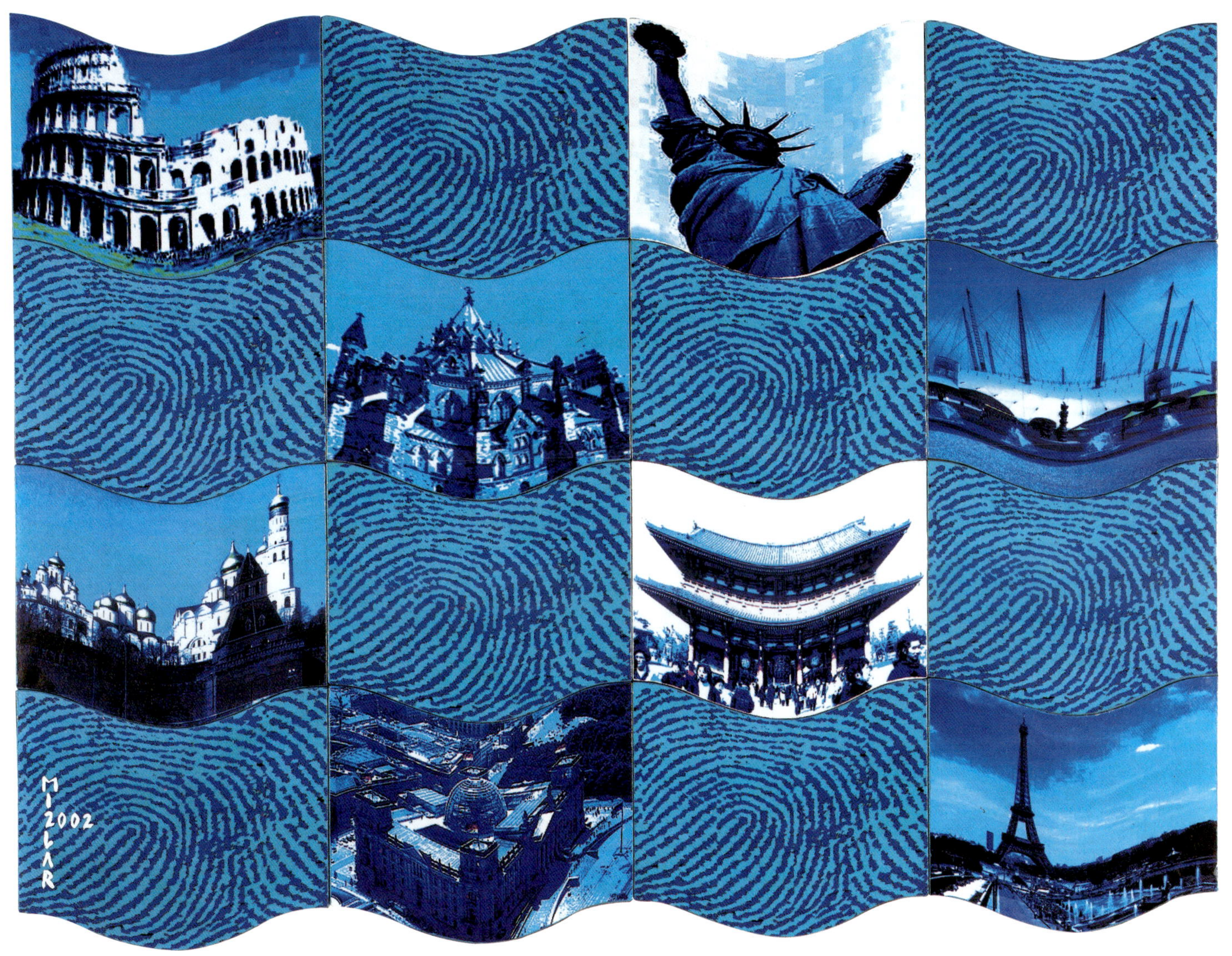

Blue Monuments, 2002

Secret Code of Ties (Bush),
2003

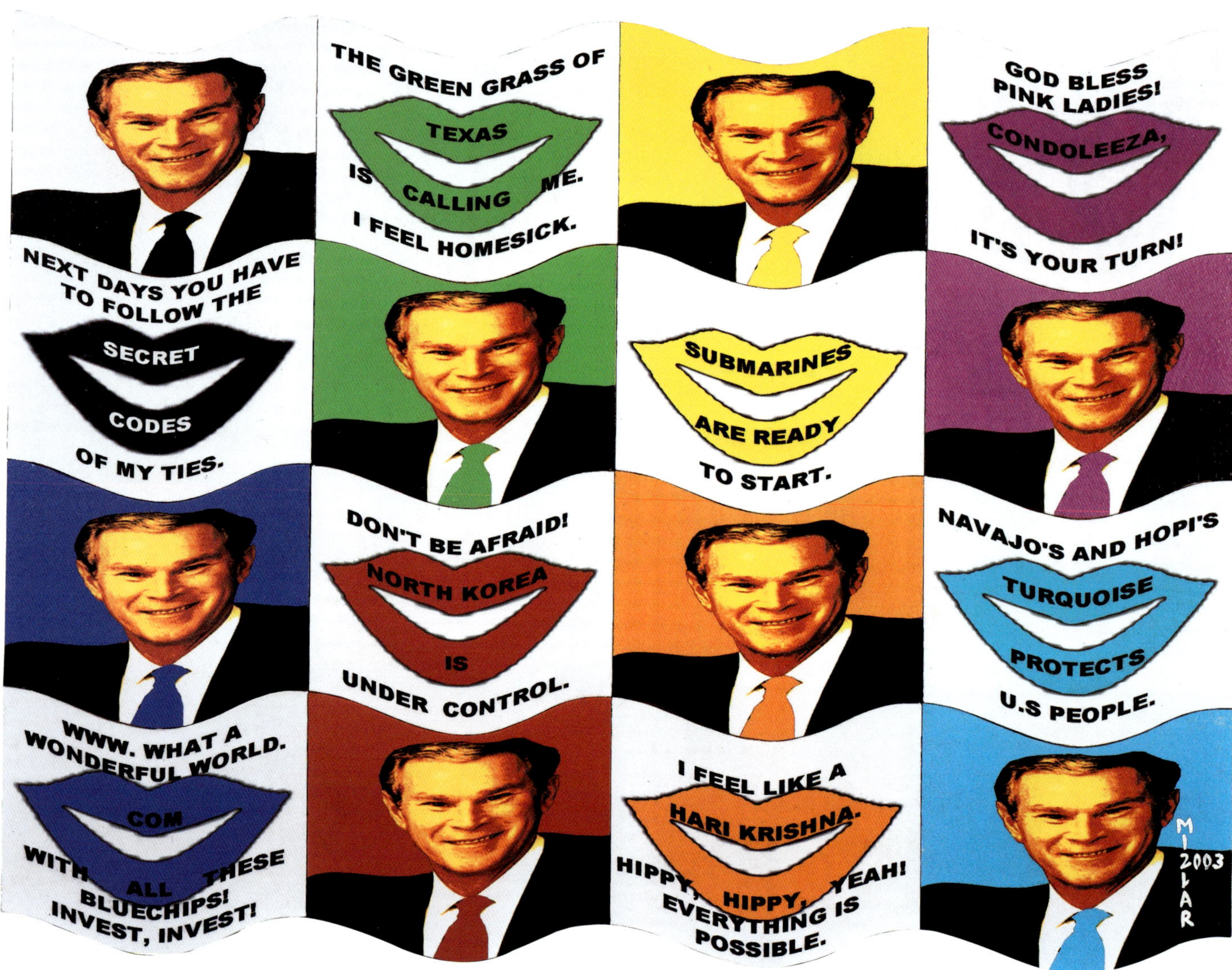
NEXT DAYS YOU HAVE
TO FOLLOW THE
SECRET
CODES
OF MY TIES.
WWW. WHAT A
WONDERFUL WORLD.
COM
WITH ALL THESE
BLUECHIPS!
INVEST, INVEST!

THE GREEN GRASS OF
TEXAS
IS CALLING ME.
I FEEL HOMESICK.
DON'T BE AFRAID!
NORTH KOREA
IS
UNDER CONTROL.

SUBMARINES
ARE READY
TO START.
I FEEL LIKE A
HARI KRISHNA.
HIPPY, HIPPY, YEAH!
EVERYTHING IS
POSSIBLE.

GOD BLESS
PINK LADIES!
CONDOLEEZA,
IT'S YOUR TURN!
NAVAJO'S AND HOPI'S
TURQUOISE
PROTECTS
U.S PEOPLE.
MILLAR
2003

Secret Code of Ties (Hussein),
2003

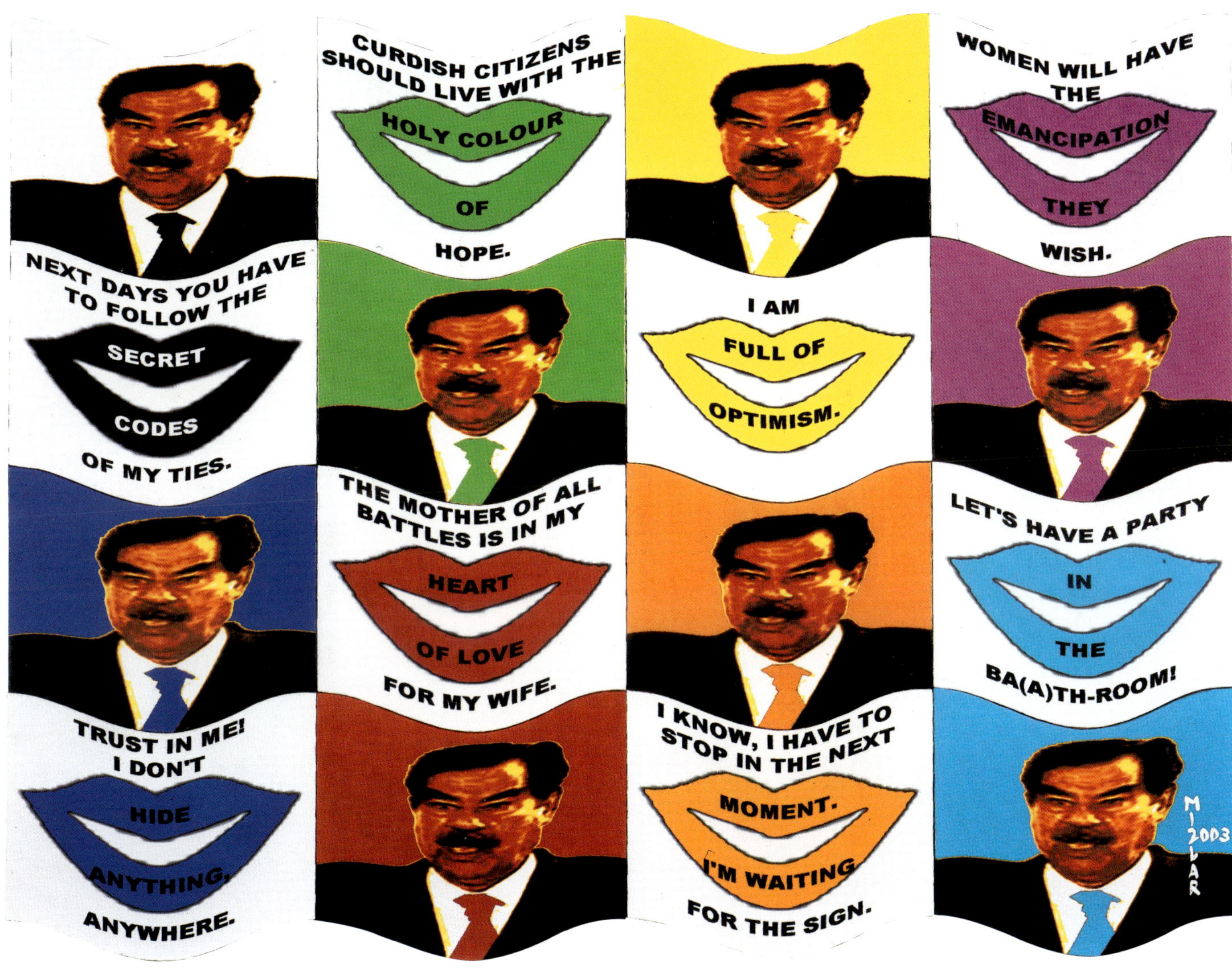
NEXT DAYS YOU HAVE TO FOLLOW THE
SECRET
CODES
OF MY TIES.

TRUST IN ME! I DON'T
HIDE
ANYTHING,
ANYWHERE.

CURDISH CITIZENS SHOULD LIVE WITH THE
HOLY COLOUR
OF
HOPE.

THE MOTHER OF ALL BATTLES IS IN MY
HEART
OF LOVE
FOR MY WIFE.

I AM
FULL OF
OPTIMISM.

I KNOW, I HAVE TO STOP IN THE NEXT
MOMENT.
I'M WAITING
FOR THE SIGN.

WOMEN WILL HAVE THE
EMANCIPATION
THEY
WISH.

LET'S HAVE A PARTY
IN
THE
BA(A)TH-ROOM!

MILLAR
2003

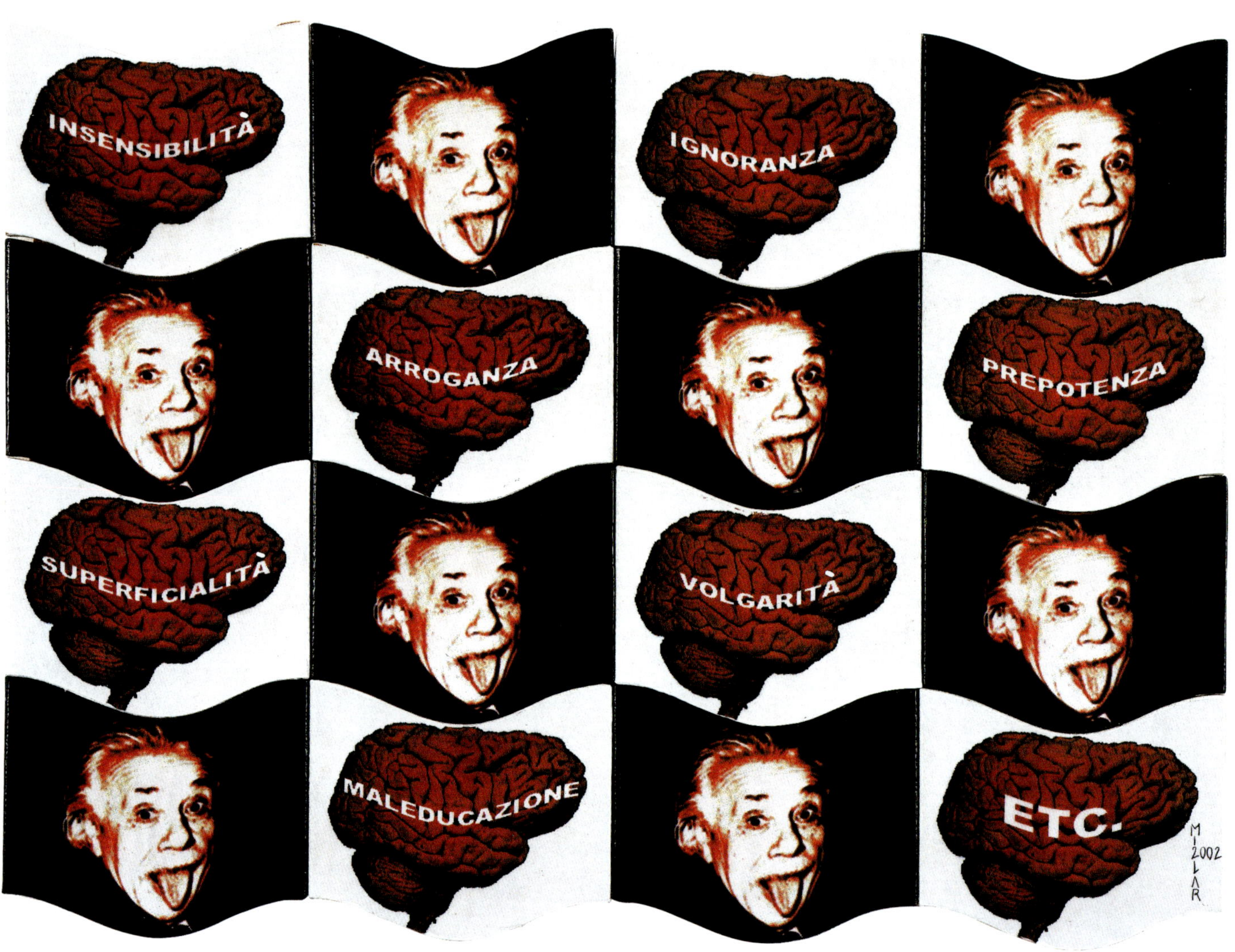

Einstein etc., 2002

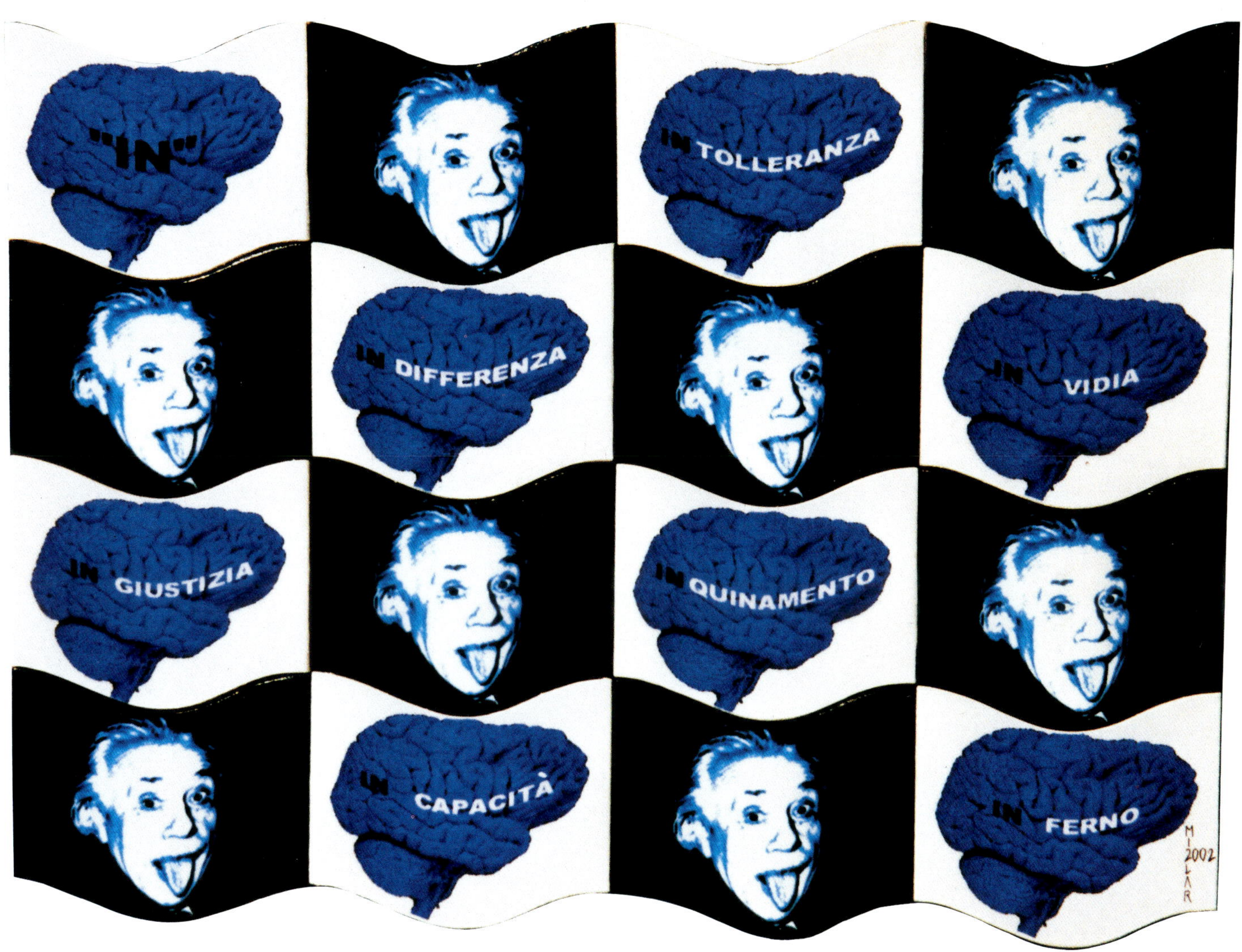

Einstein in, 2002

Towervoices B, 2003

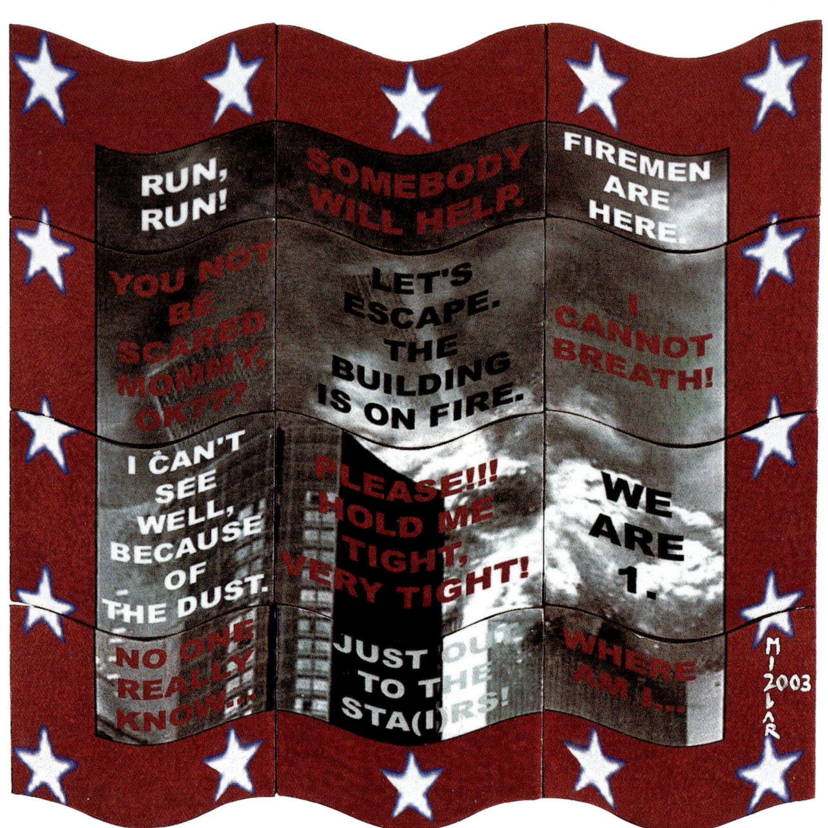
RUN, RUN!
SOMEBODY WILL HELP.
FIREMEN ARE HERE.
YOU NOT BE SCARED MOMMY, OK???
LET'S ESCAPE. THE BUILDING IS ON FIRE.
I CANNOT BREATH!
I CAN'T SEE WELL, BECAUSE OF THE DUST.
PLEASE!!! HOLD ME TIGHT, VERY TIGHT!
WE ARE 1.
NO ONE REALLY KNOW...
JUST OUT TO THE STA(I)RS!
WHERE AM I...
MI2LAR 2003

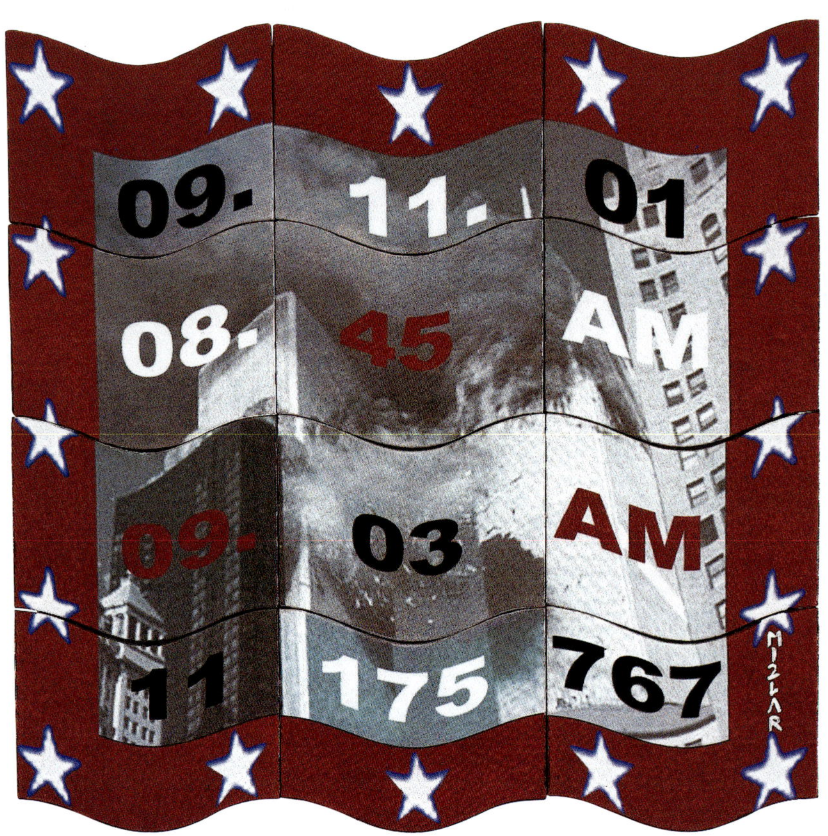
09. 11. 01
08- 45 AM
09- 03 AM
11 175 767
MI2LAR

Towervoices Numbers, 2001

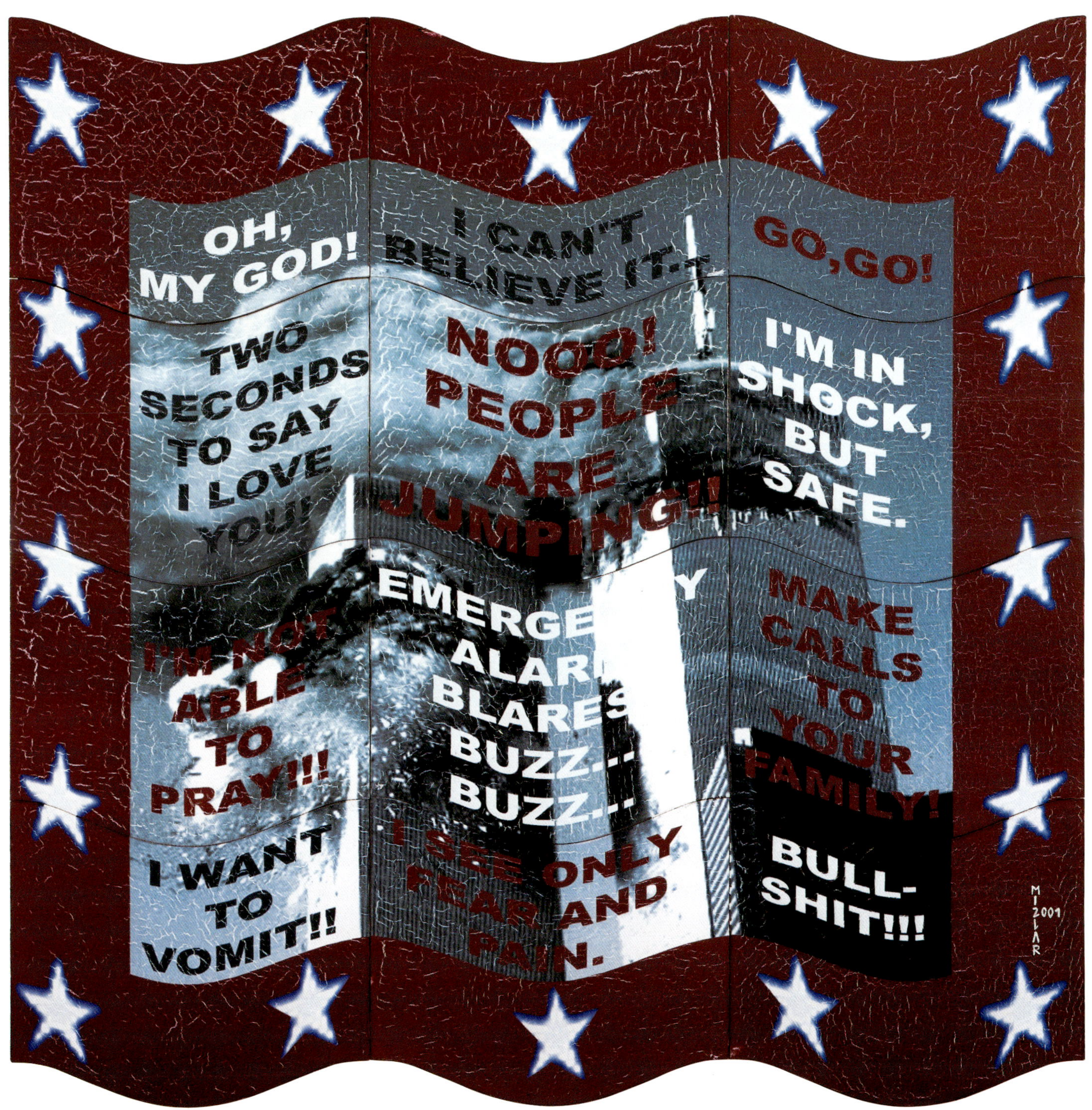

OH, MY GOD!
I CAN'T BELIEVE IT-T
GO, GO!
TWO SECONDS TO SAY I LOVE YOU!
NOOO! PEOPLE ARE JUMPING!!
I'M IN SHOCK, BUT SAFE.
I'M NOT ABLE TO PRAY!!!
EMERGENCY ALARM BLARES BUZZ... BUZZ...
MAKE CALLS TO YOUR FAMILY!
I WANT TO VOMIT!!
I SEE ONLY FEAR AND PAIN.
BULL-SHIT!!!
MIZRAR 2001

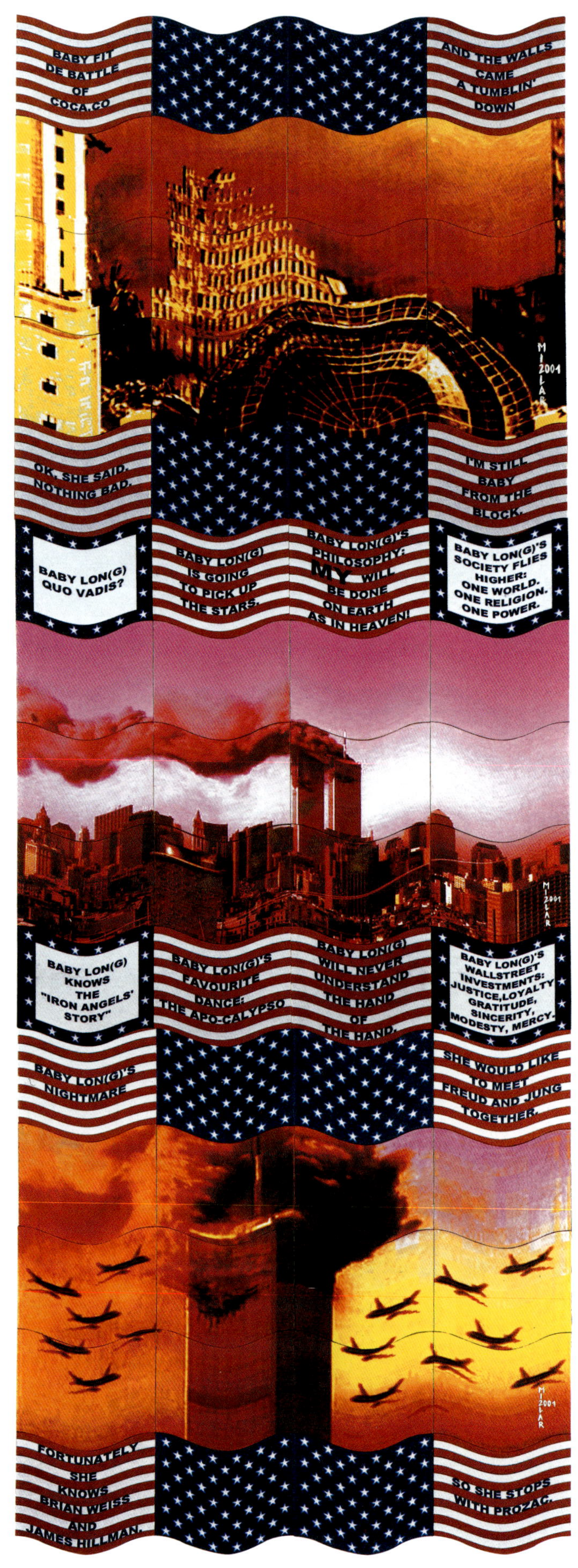

BABY FIT DE BATTLE OF COCA.CO
AND THE WALLS CAME A TUMBLIN' DOWN
OK, SHE SAID, NOTHING BAD,
I'M STILL, BABY FROM THE BLOCK.
BABY LON(G) QUO VADIS?
BABY LON(G) IS GOING TO PICK UP THE STARS.
BABY LON(G)'S PHILOSOPHY: MY WILL BE DONE ON EARTH AS IN HEAVEN!
BABY LON(G)'S SOCIETY FLIES HIGHER: ONE WORLD, ONE RELIGION, ONE POWER.
BABY LON(G) KNOWS THE "IRON ANGELS' STORY"
BABY LON(G)'S FAVOURITE DANCE: THE APOCALYPSO
BABY LON(G) WILL NEVER UNDERSTAND THE HAND OF THE HAND.
BABY LON(G)'S WALLSTREET INVESTMENTS: JUSTICE, LOYALTY, GRATITUDE, SINCERITY, MODESTY, MERCY.
BABY LON(G)'S NIGHTMARE
SHE WOULD LIKE TO MEET FREUD AND JUNG TOGETHER,
FORTUNATELY SHE KNOWS BRIAN WEISS AND JAMES HILLMAN,
SO SHE STOPS WITH PROZAC.

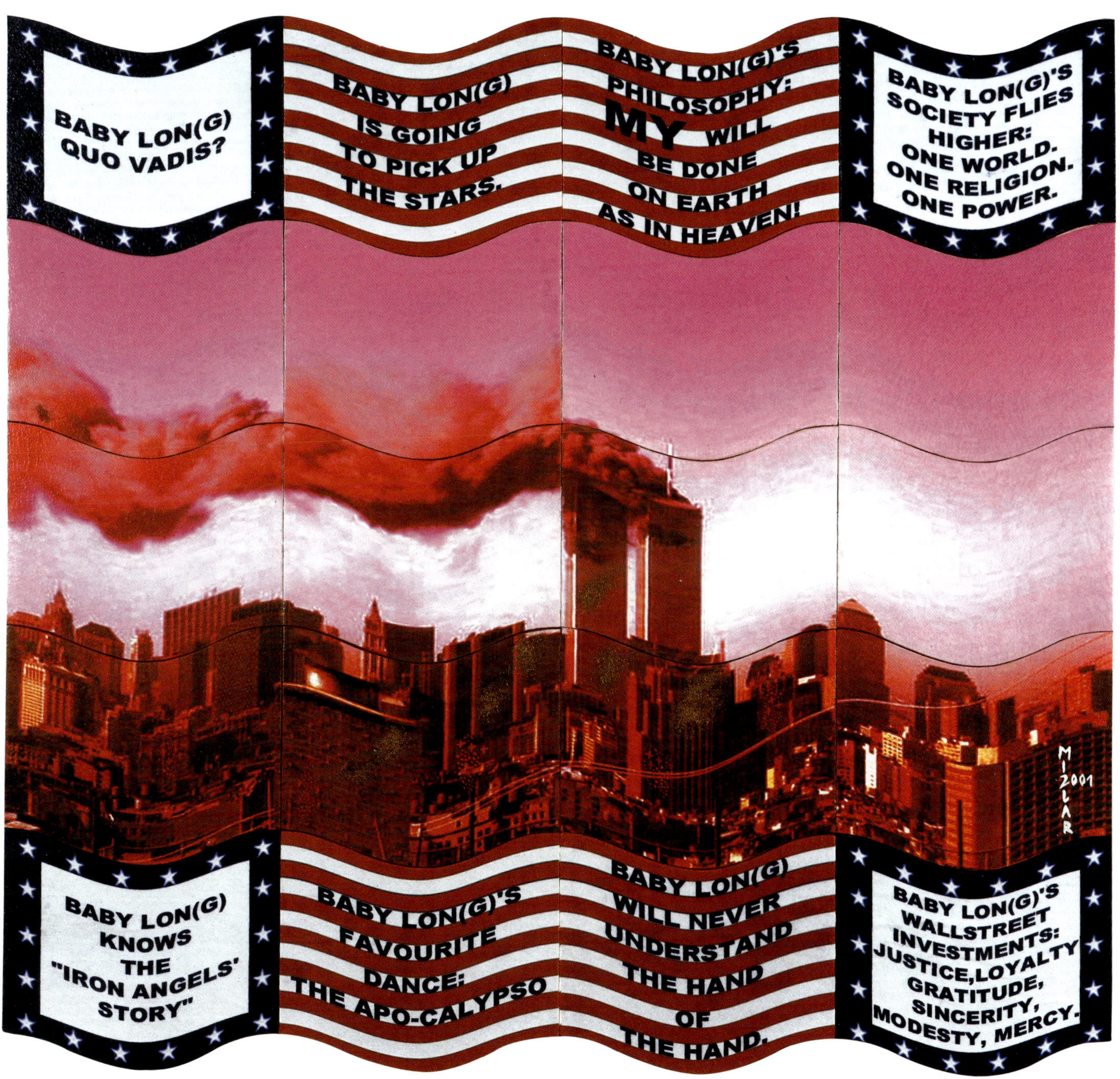
BABY LON(G) QUO VADIS?
BABY LON(G) IS GOING TO PICK UP THE STARS.
BABY LON(G)'S PHILOSOPHY: MY WILL BE DONE ON EARTH AS IN HEAVEN!
BABY LON(G)'S SOCIETY FLIES HIGHER: ONE WORLD. ONE RELIGION. ONE POWER.
BABY LON(G) KNOWS THE "IRON ANGELS' STORY"
BABY LON(G)'S FAVOURITE DANCE: THE APO-CALYPSO
BABY LON(G) WILL NEVER UNDERSTAND THE HAND OF THE HAND.
BABY LON(G)'S WALLSTREET INVESTMENTS: JUSTICE, LOYALTY GRATITUDE, SINCERITY, MODESTY, MERCY.
MILLAR 2001

Baby Lon(g)'s Nightmare, 2001

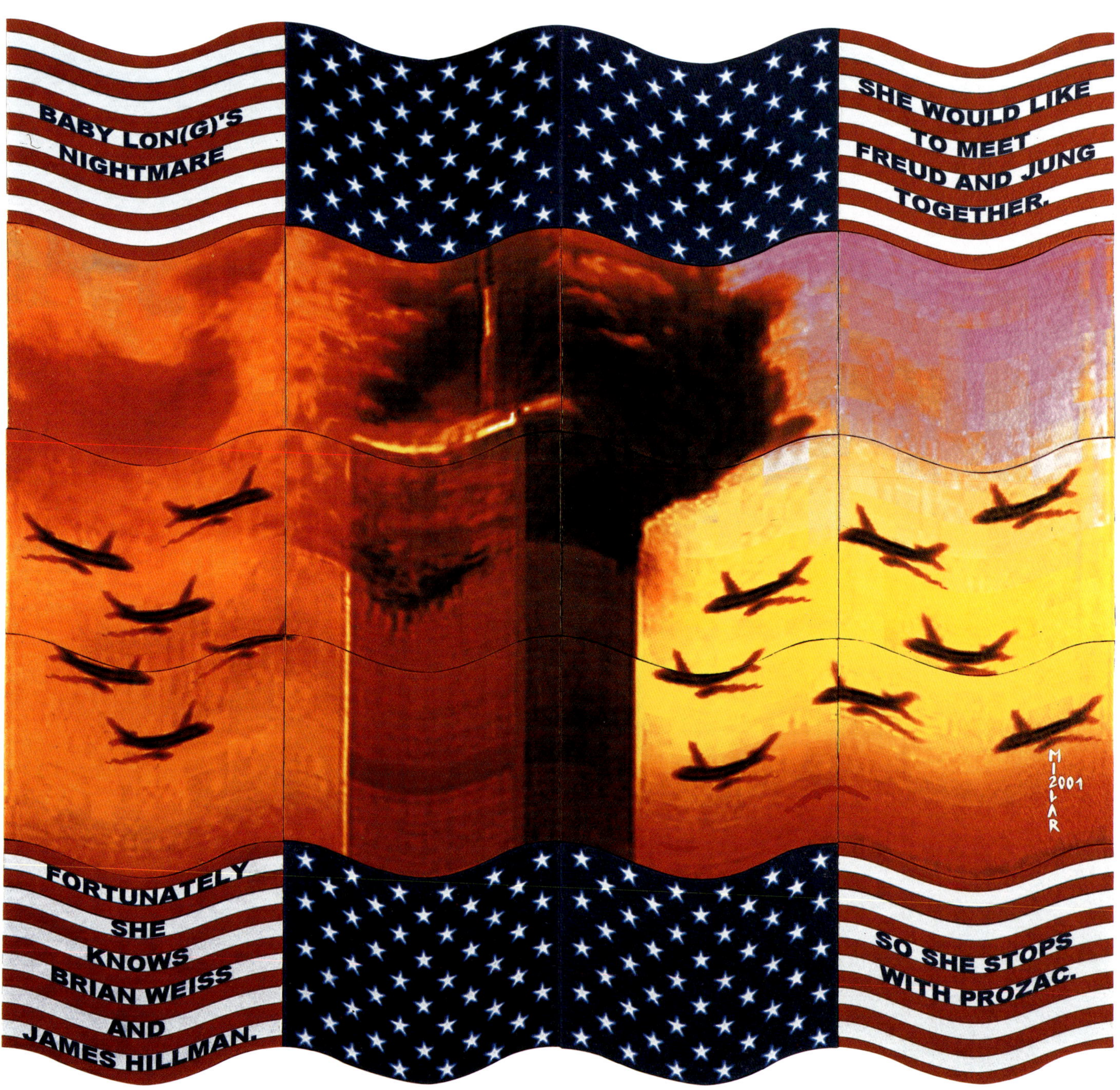

Baby Lon(g)'s Battle, 2001

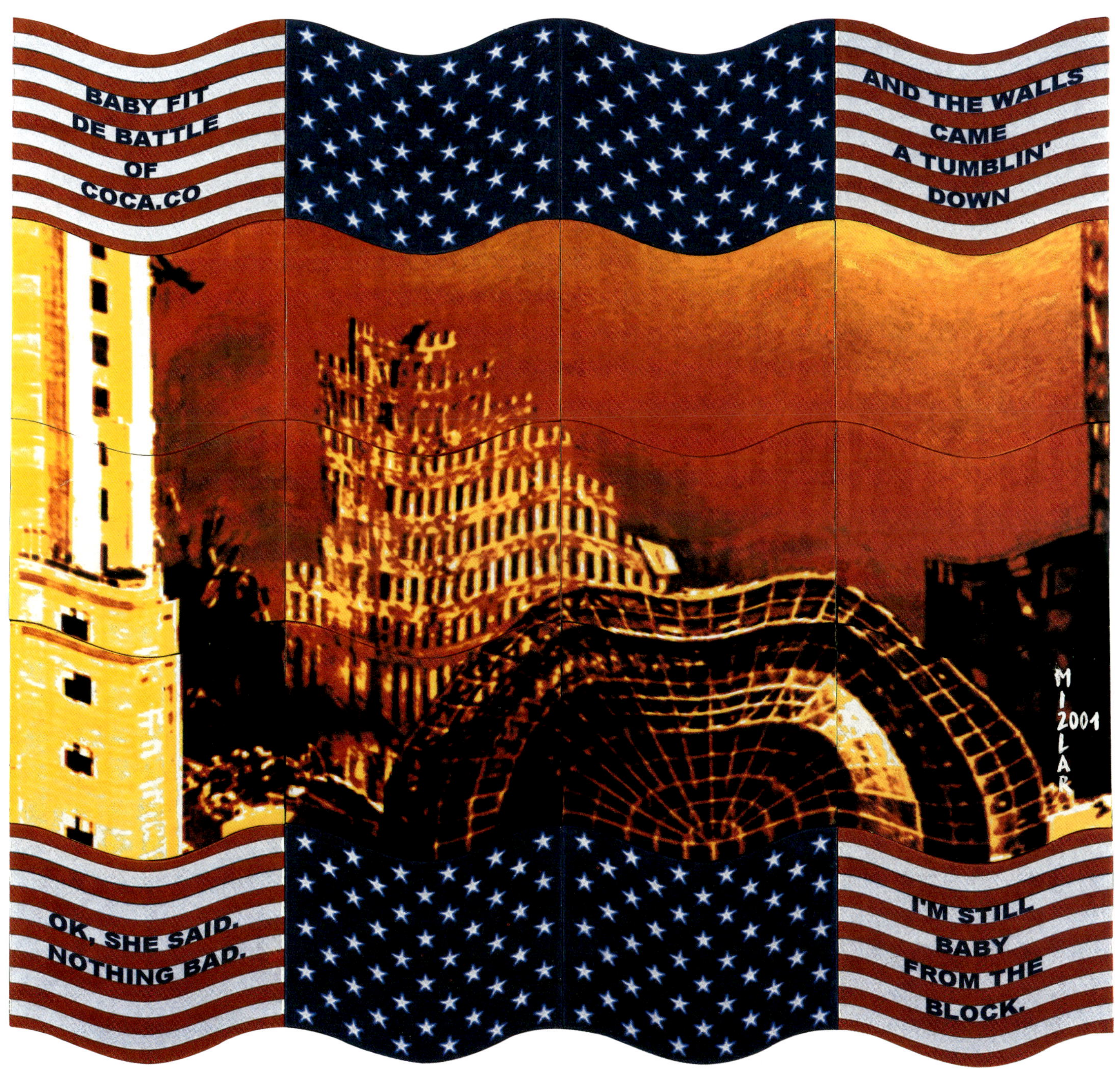

BABY FIT DE BATTLE OF COCA.CO
AND THE WALLS CAME A TUMBLIN' DOWN
OK, SHE SAID, NOTHING BAD.
I'M STILL BABY FROM THE BLOCK.
MILAR 2001

You Are So Blue, 2003

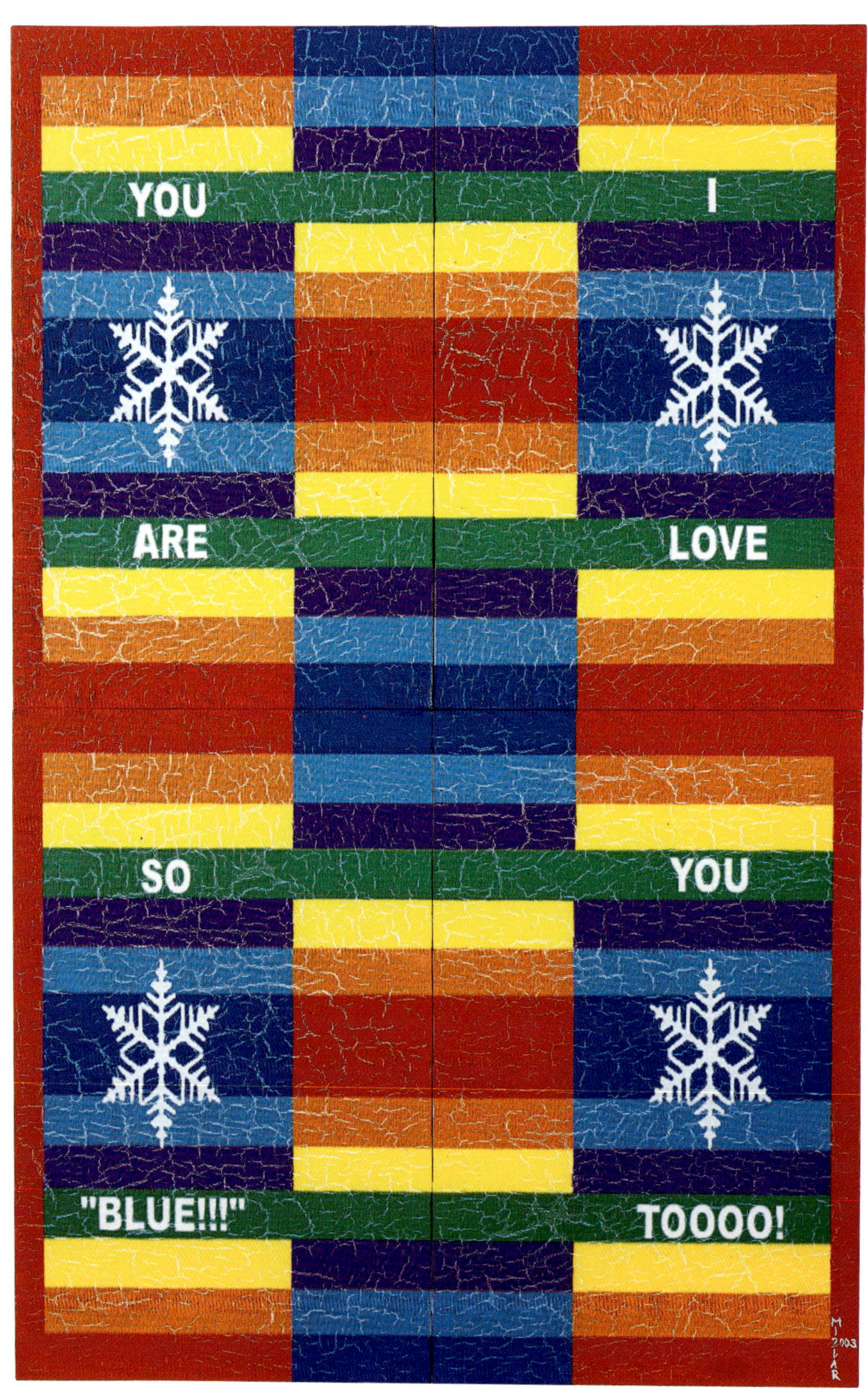

Shake the Rainbow, 2003

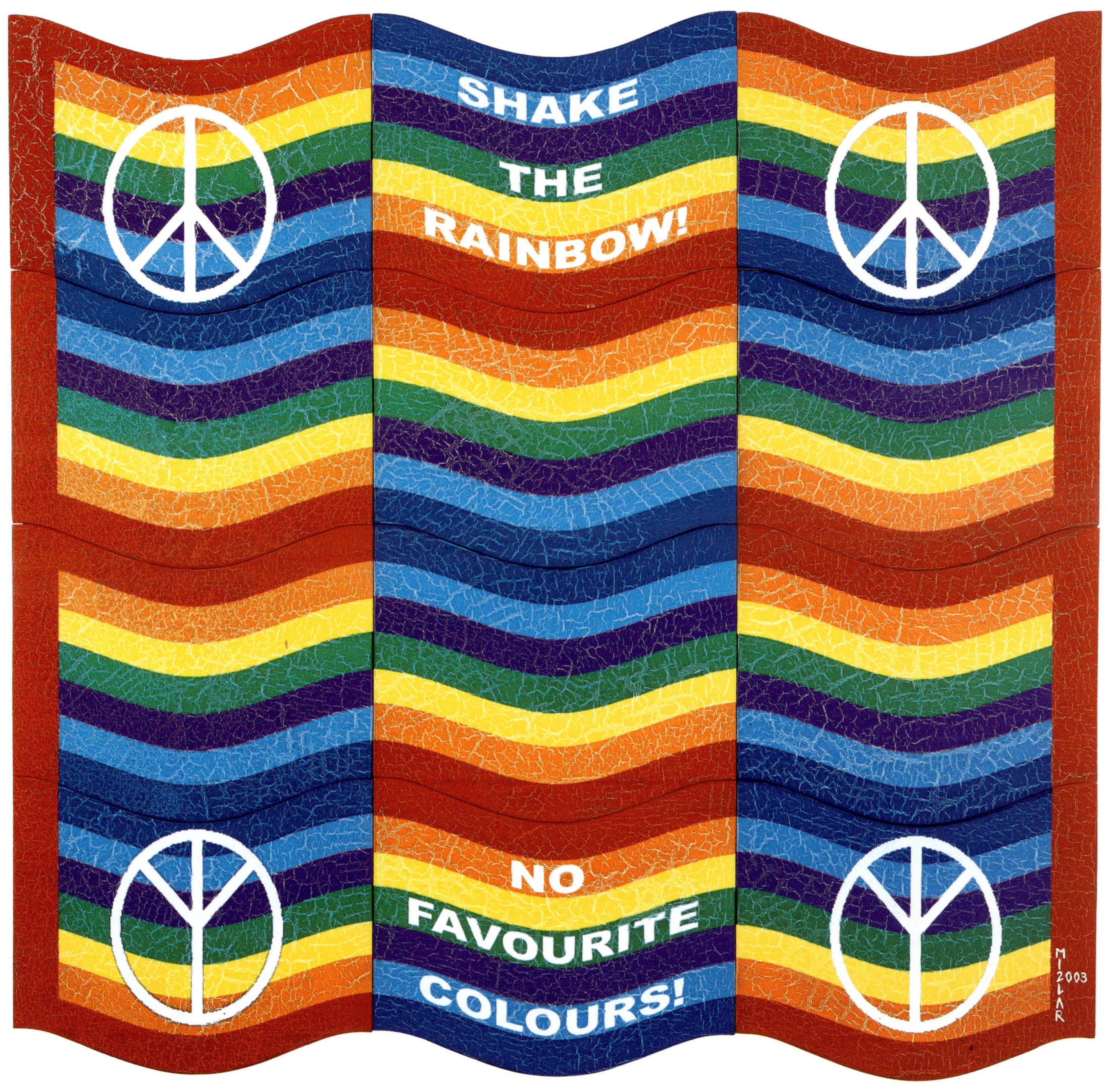

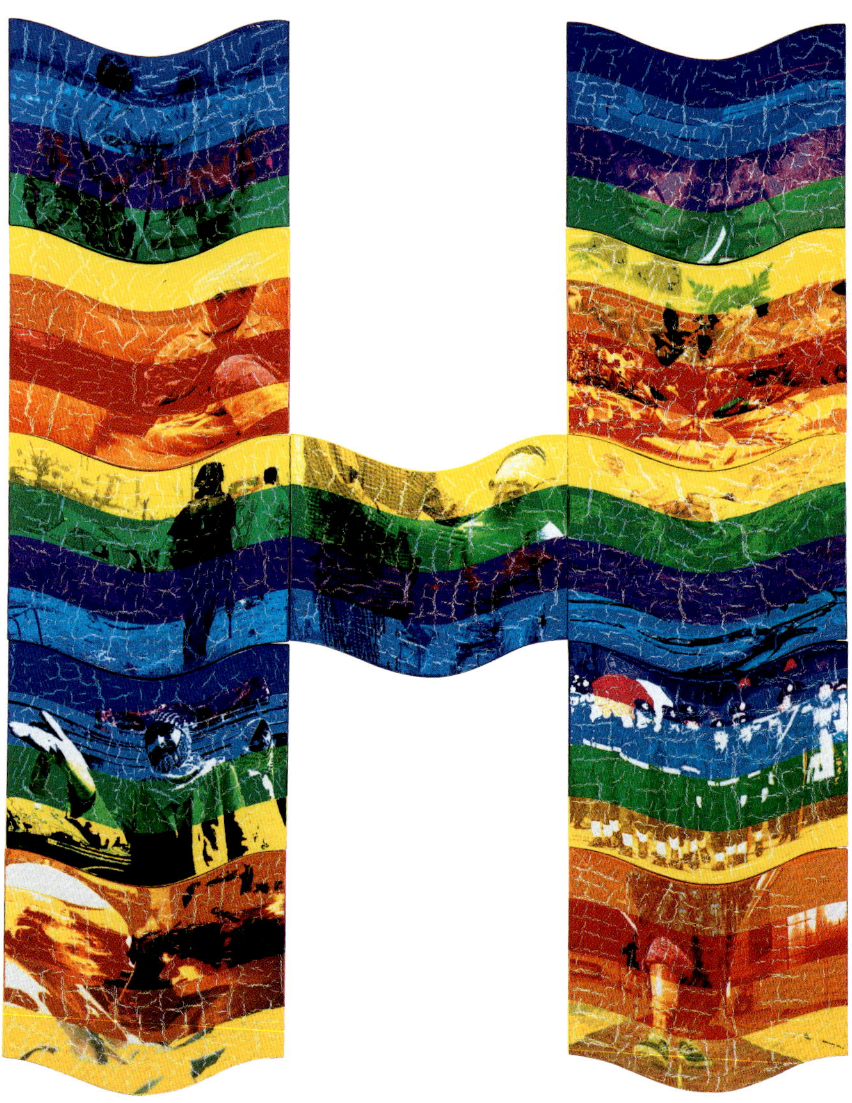
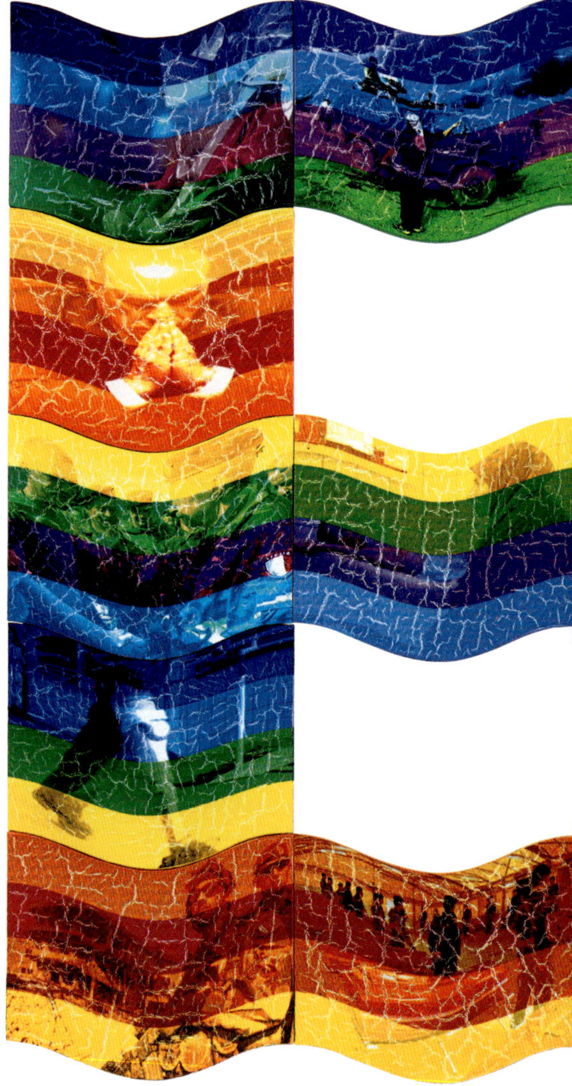

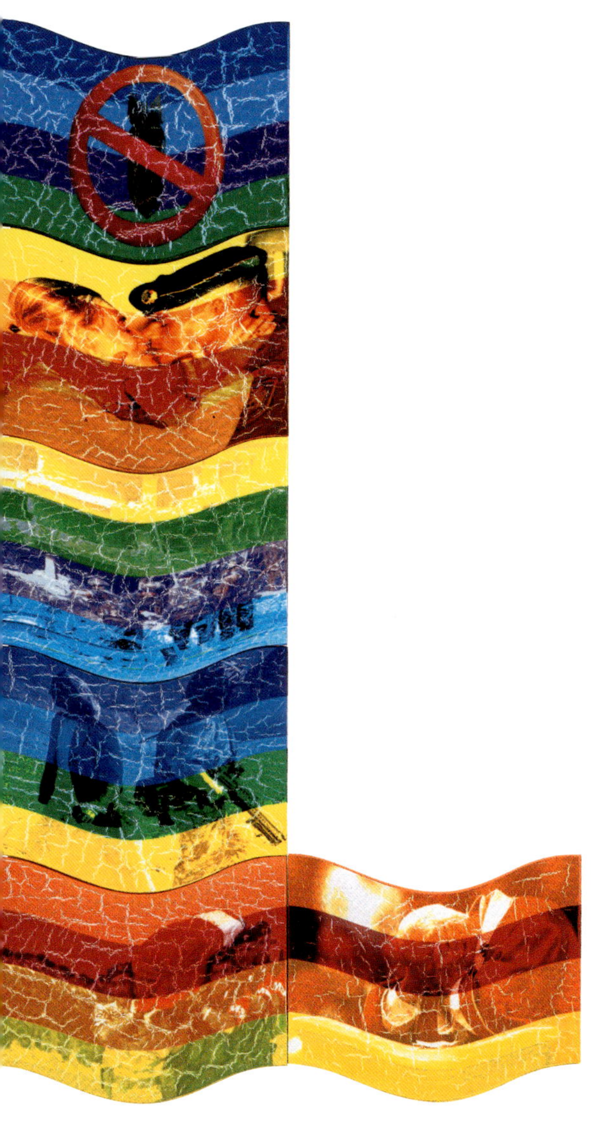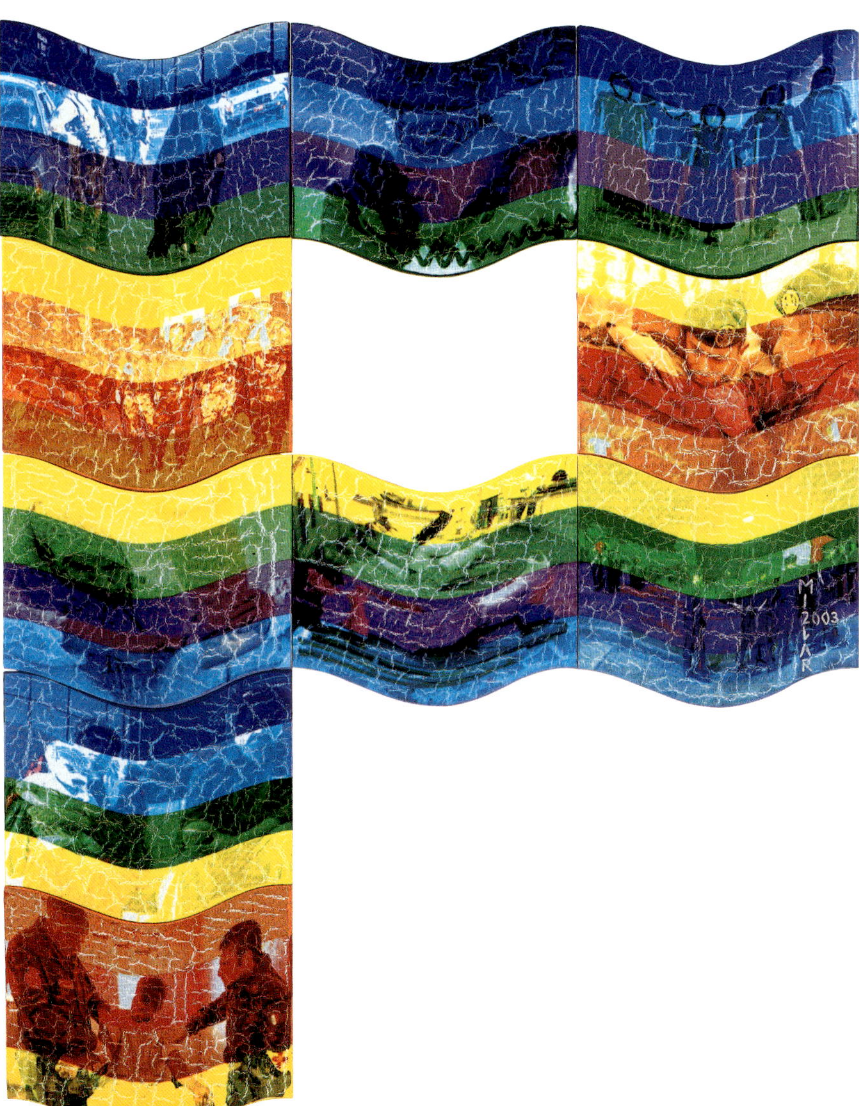

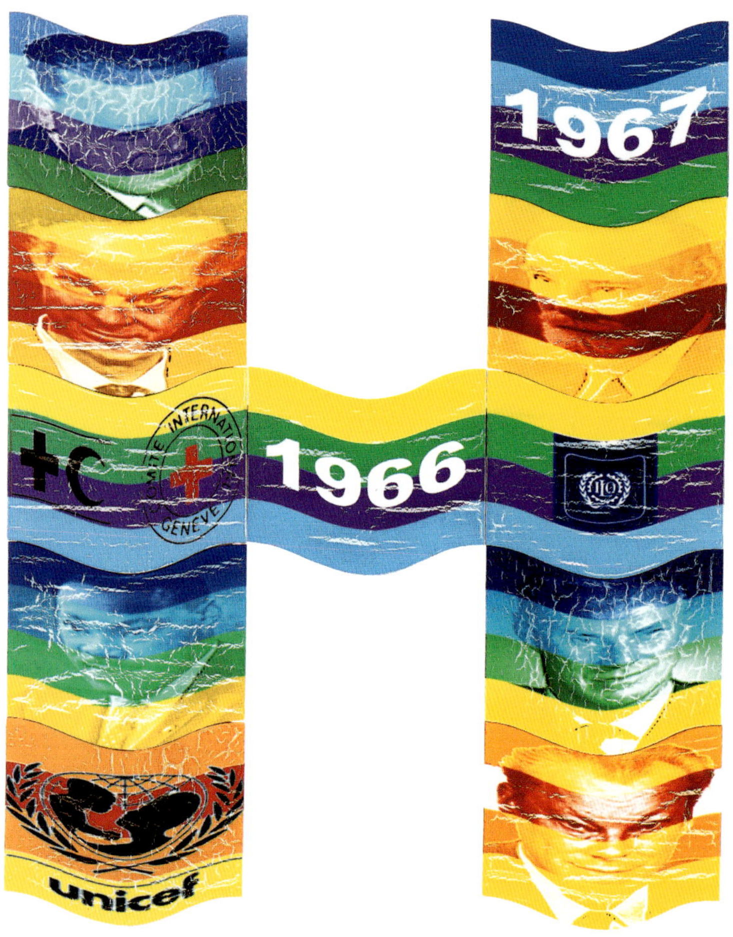
1967
1966
unicef

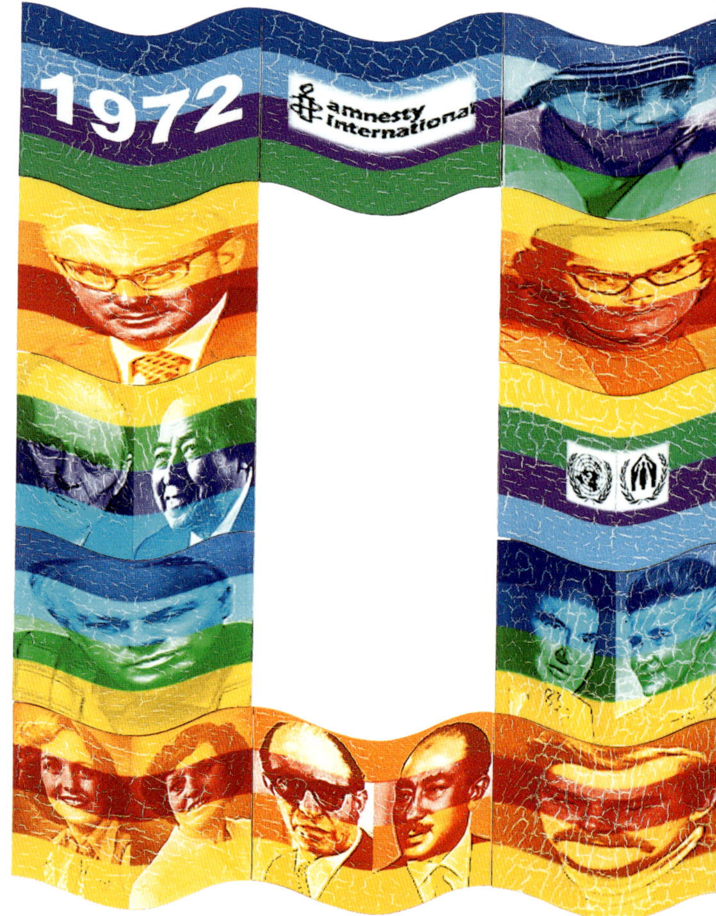
1972
amnesty International

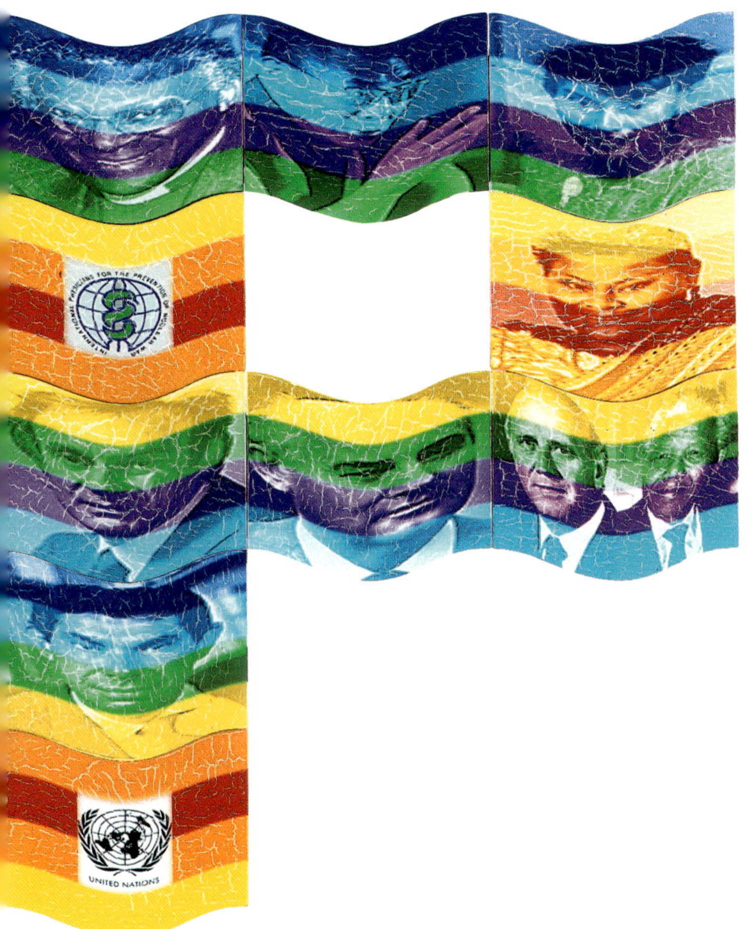
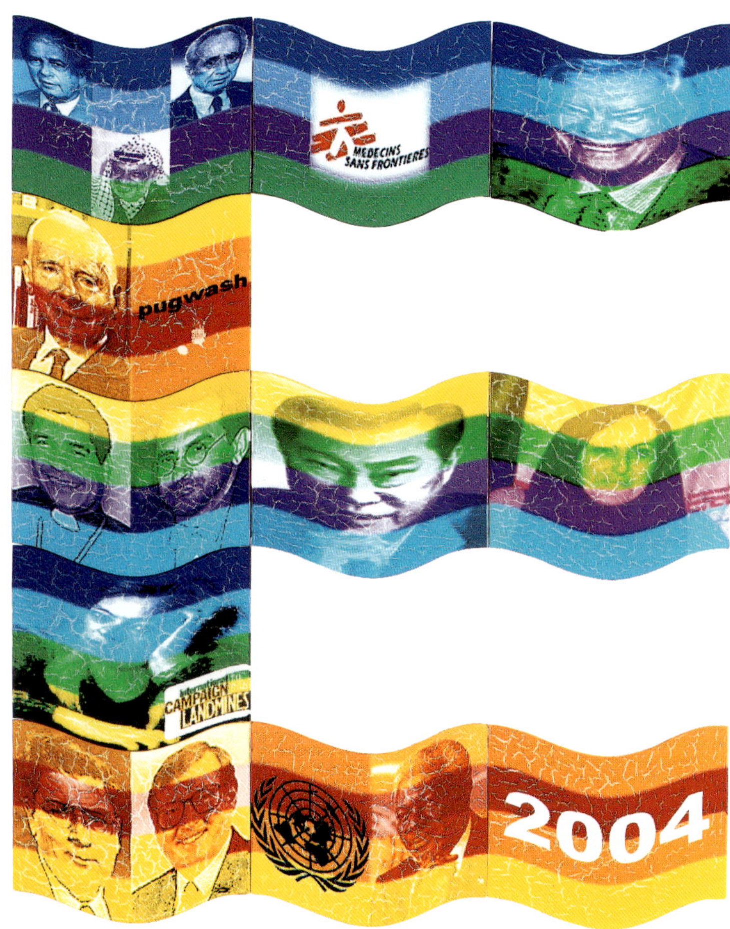

pugwash
CAMPAIGN LANDMINES
MEDECINS SANS FRONTIERES
UNITED NATIONS
2004

Democra(z)y Books, 2002

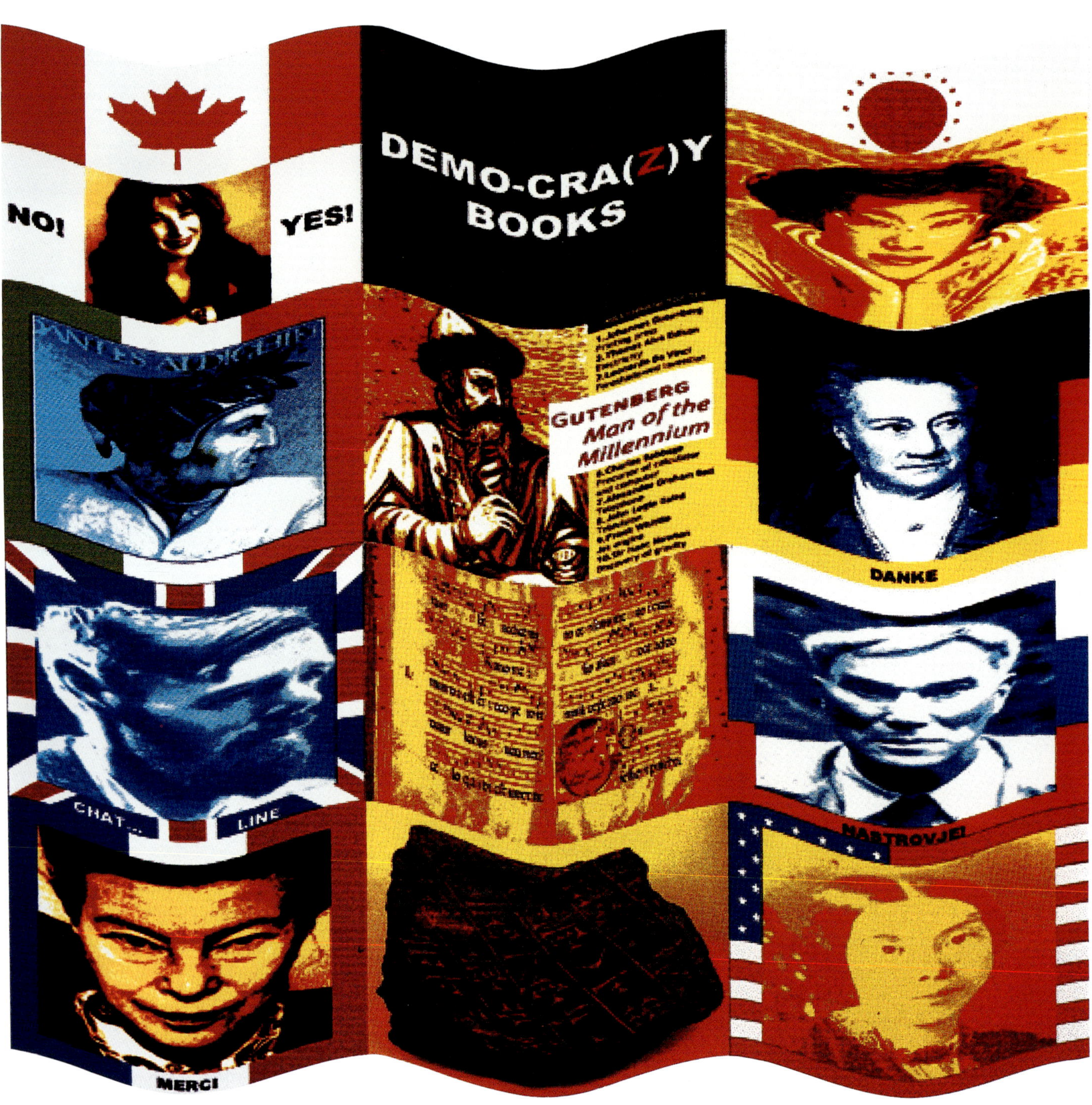

Lima and Kelli, 2003

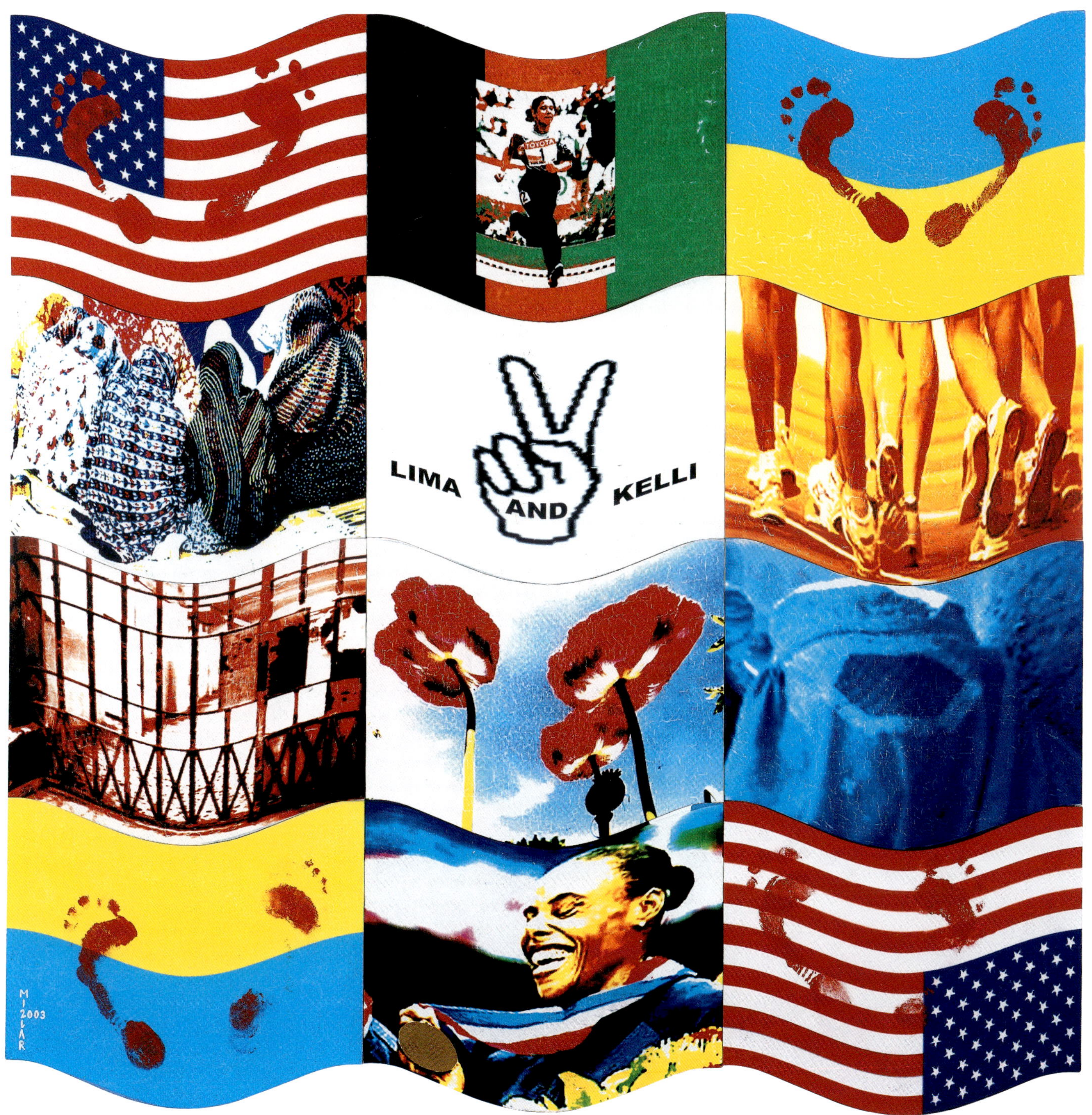

Red Co2, 2003

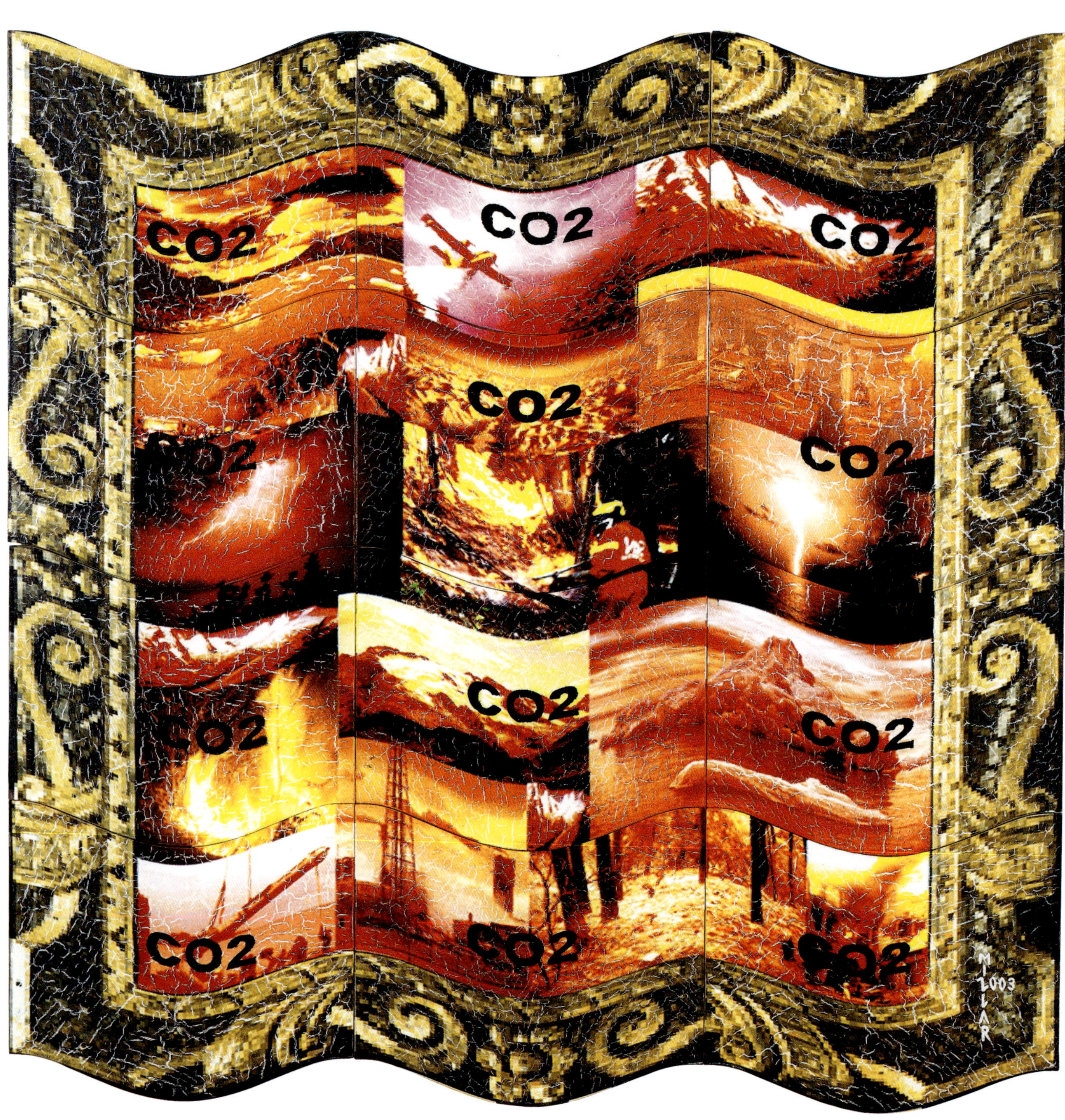

Blue Co2, 2003

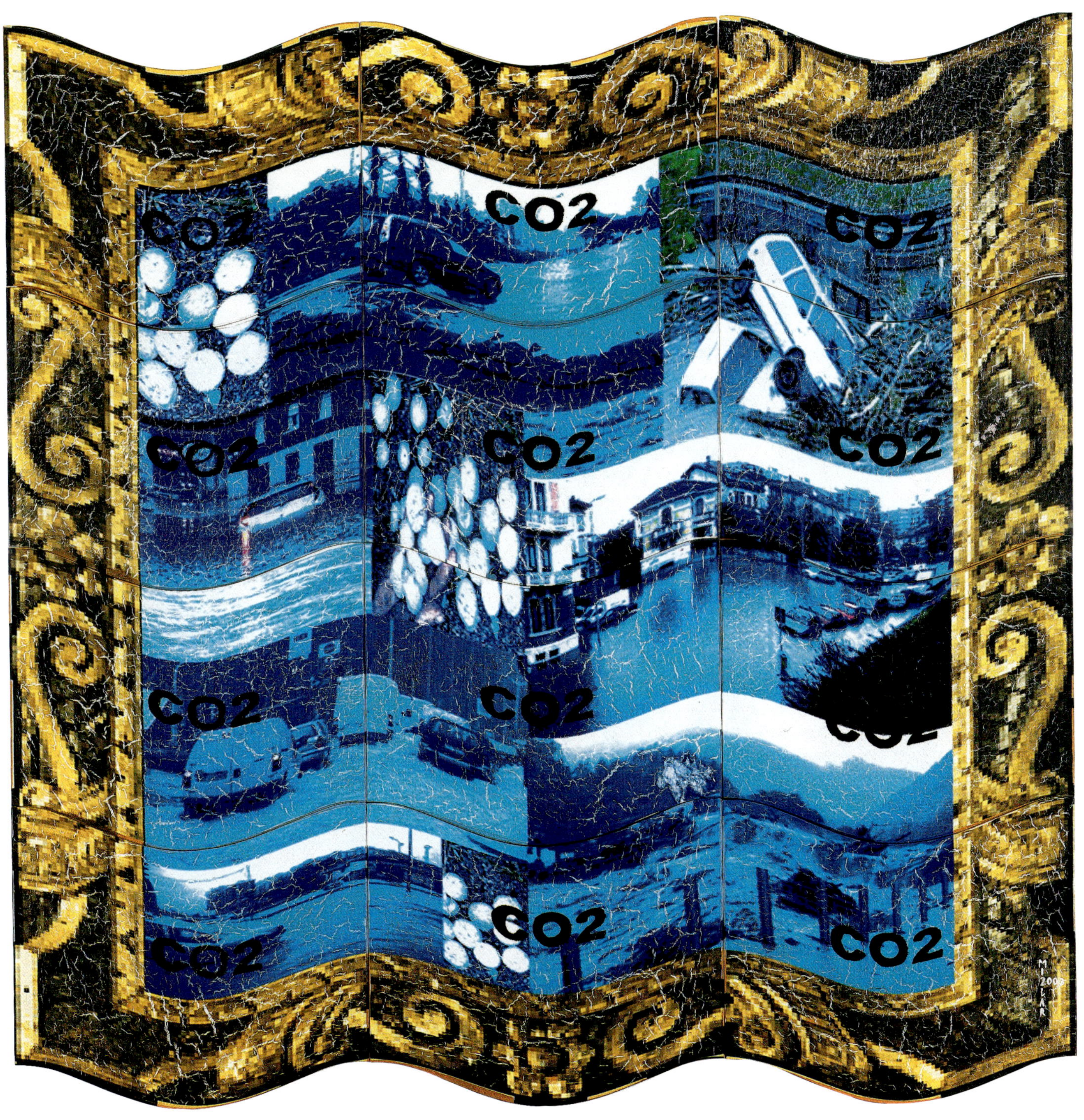

Red Eco (Fire), 2004   *Blue Eco (Flooding), 2004*

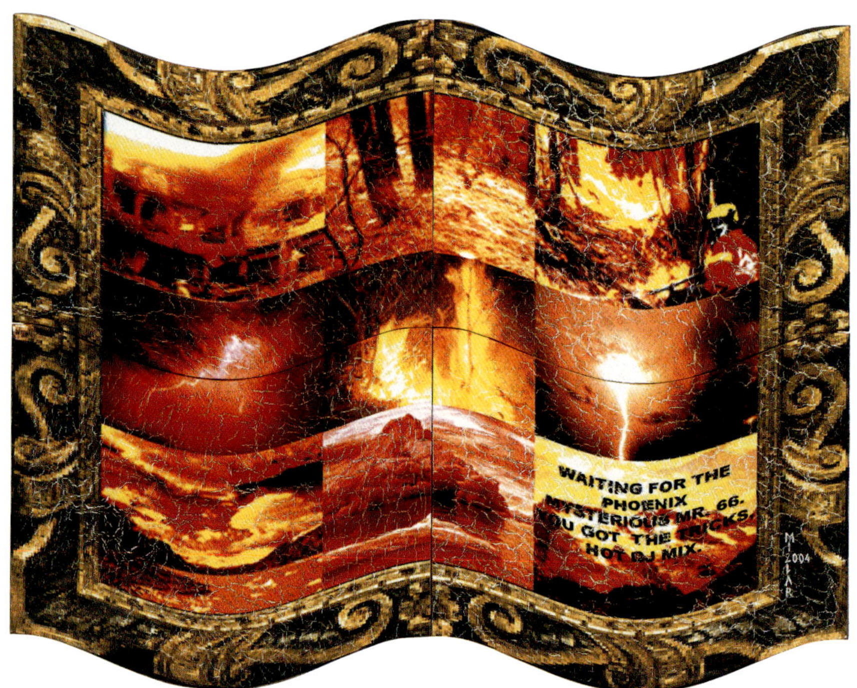

WAITING FOR THE
PHOENIX
MYSTERIOUS MR. 66.
YOU GOT THE TRICKS,
HOT DJ MIX.

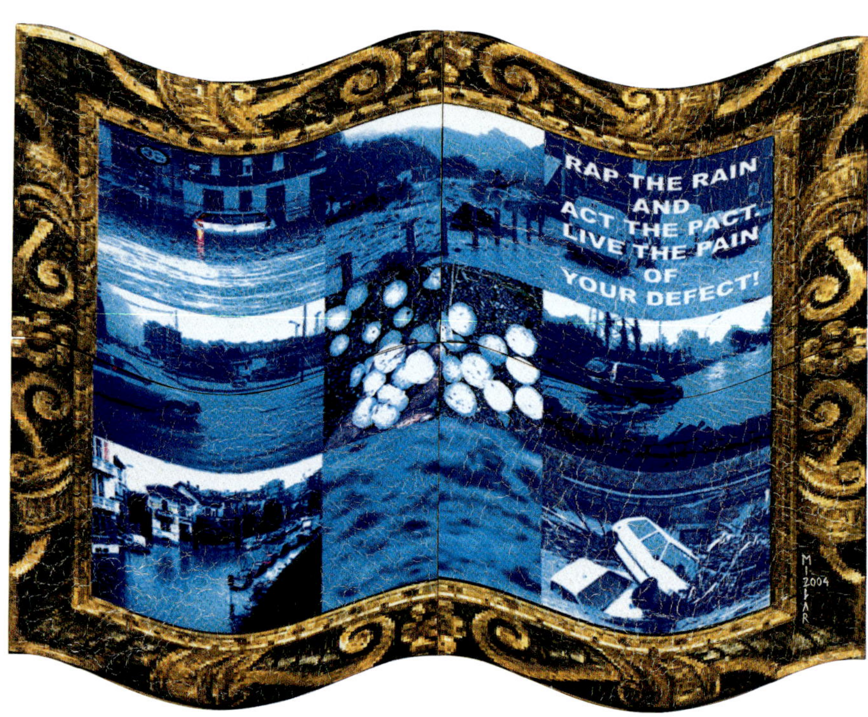

RAP THE RAIN
AND
ACT THE PACT.
LIVE THE PAIN
OF
YOUR DEFECT!

Yellow Eco (Electrosmog), 2004   Green Eco (Earthquake), 2004

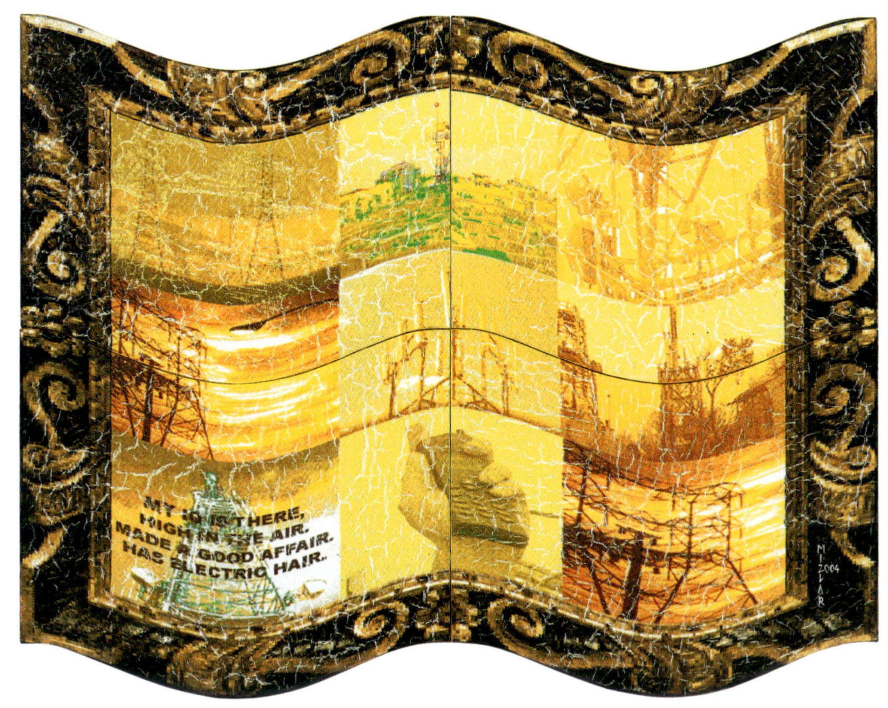
MY JOB THERE,
HIGH IN THE AIR,
MADE A GOOD AFFAIR.
HAS ELECTRIC HAIR.

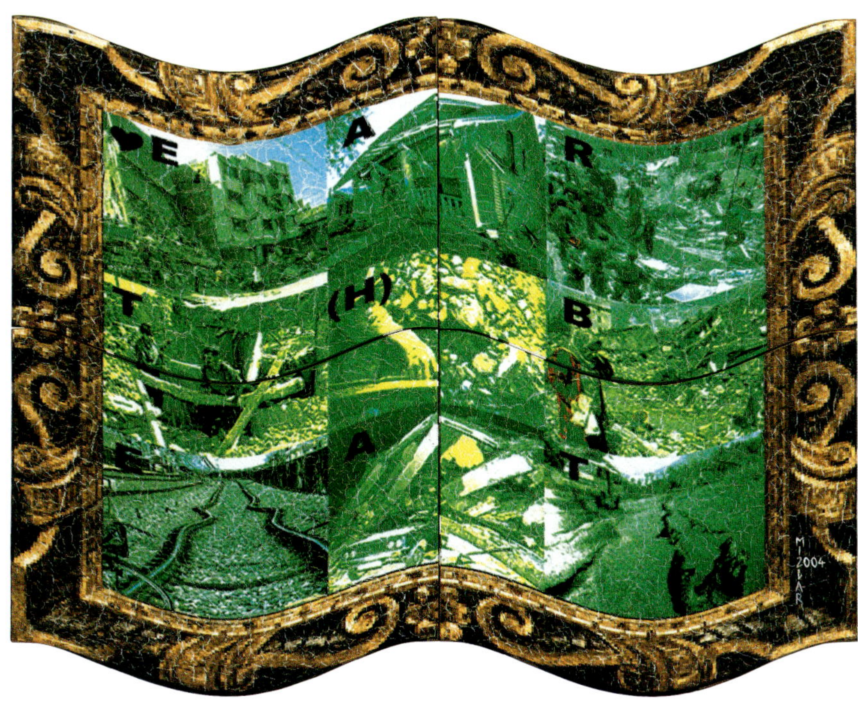
E   A   R
T   (H)   B
A   T

"ONE, ONE, JOHN FOR BE(A)-BOP"

ONE, ONE JOHN
AND STORM THE BRAIN
"SOLVE" OLÈ!
ACTION NOW FOR "COAGULA".
CROSSED ENERGY, OK!

Shell, 2002

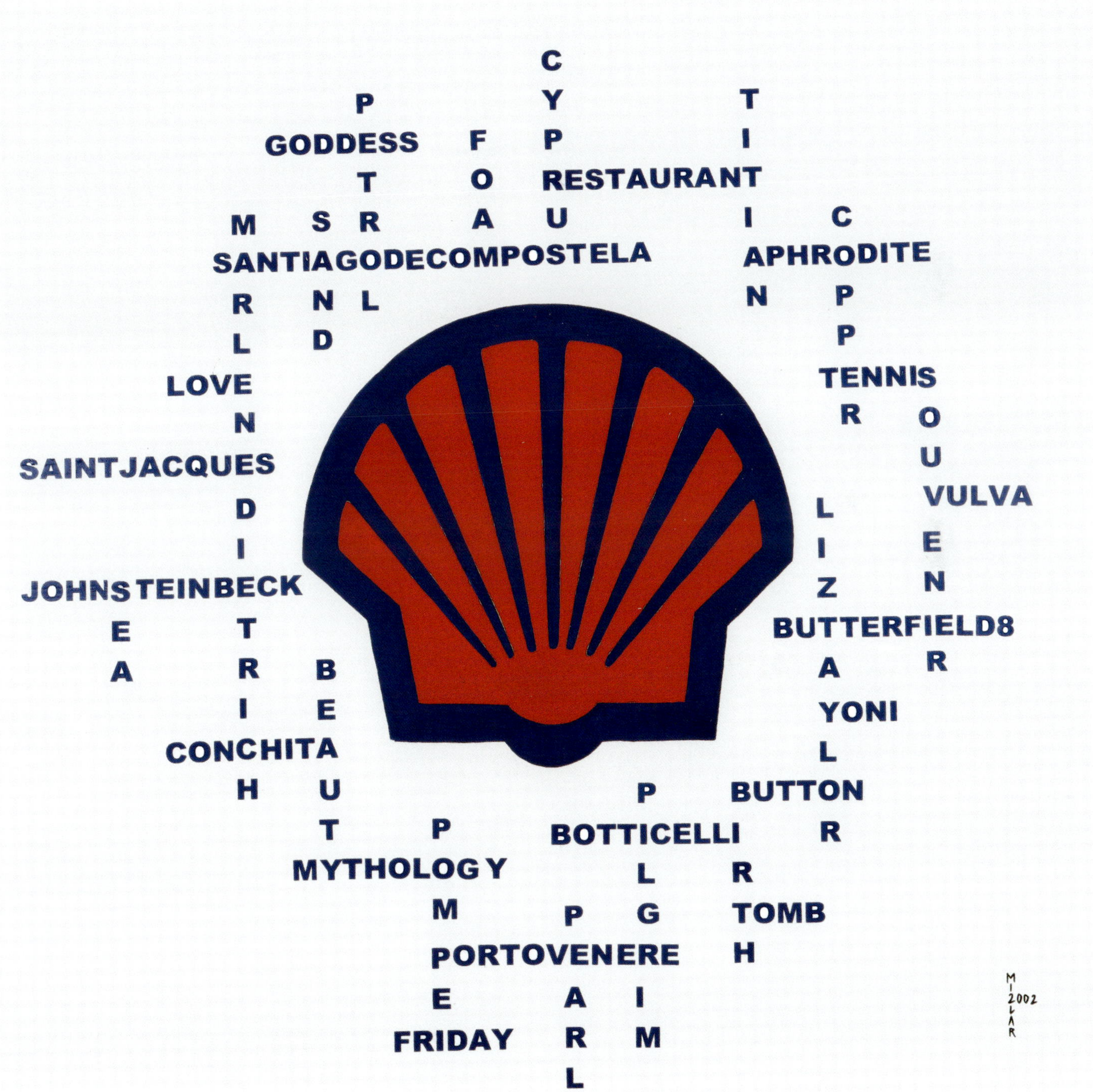
GODDESS
RESTAURANT
SANTIAGODECOMPOSTELA
APHRODITE
LOVE
TENNIS
SAINTJACQUES
VULVA
JOHNSTEINBECK
BUTTERFIELD8
YONI
CONCHITA
BUTTON
BOTTICELLI
MYTHOLOGY
TOMB
PORTOVENERE
FRIDAY
P
T
M
R
L
E
A
S
R
N
D
T
R
I
T
H
B
E
A
U
T
Y
P
M
E
C
Y
F
O
A
U
R
L
D
P
P
U
P
A
R
L
G
I
M
T
I
I
N
C
P
P
R
L
I
Z
A
L
R
O
U
V
E
N
E
R
BUTTON

Japonese Flag, 2001

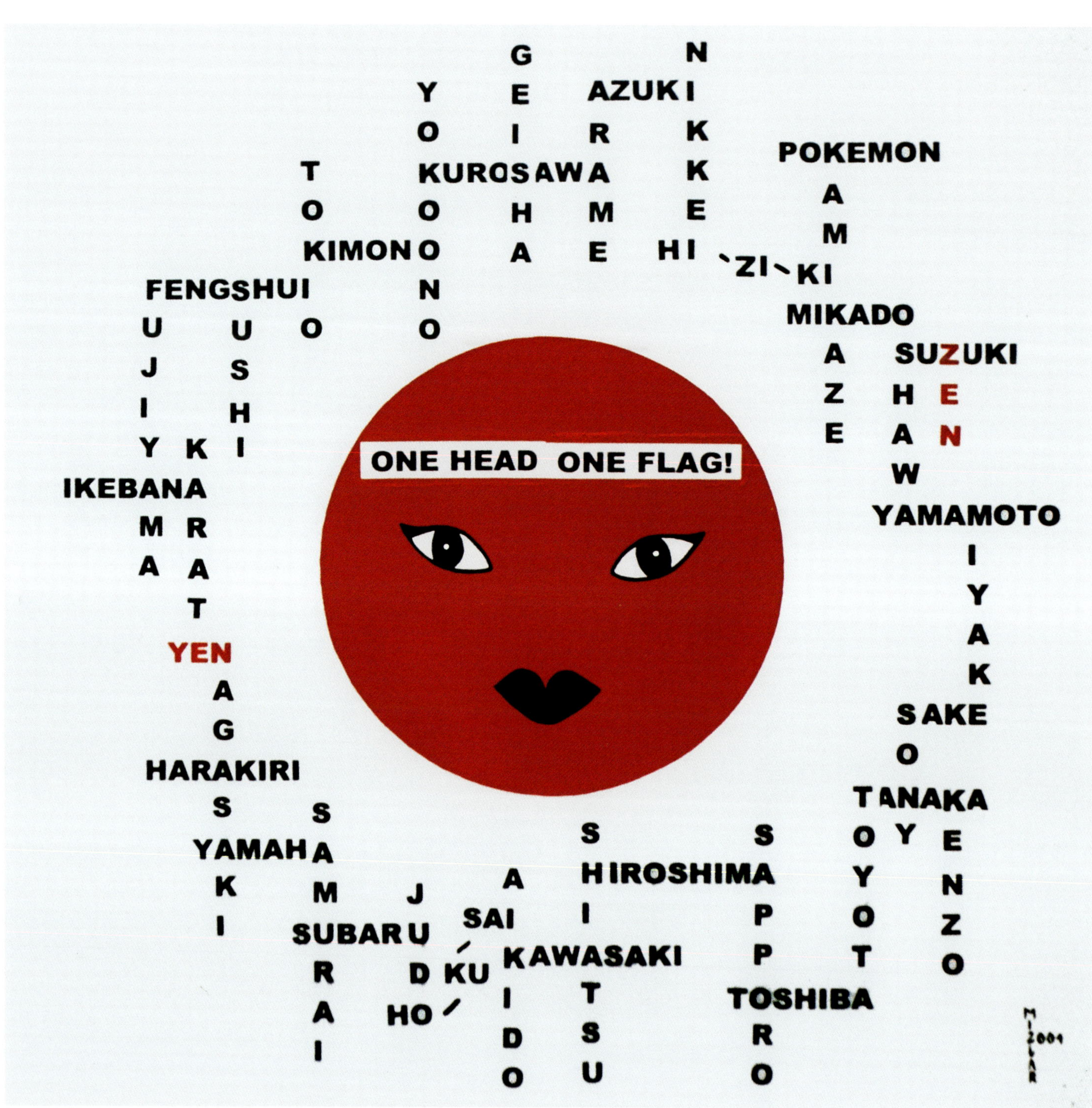
AZUKI
NIKKEI
POKEMON
YO
GEISHA
KUROSAWA
TO
KIMONO
FENGSHUI
MIKADO
SUZUKI
ZEN
IKEBANA
YAMAMOTO
YEN
SAKE
HARAKIRI
TANAKA
YAMAHA
HIROSHIMA
SUBARU
KAWASAKI
TOSHIBA
SAMURAI
KARATE
ONE HEAD ONE FLAG!

Star, 2002

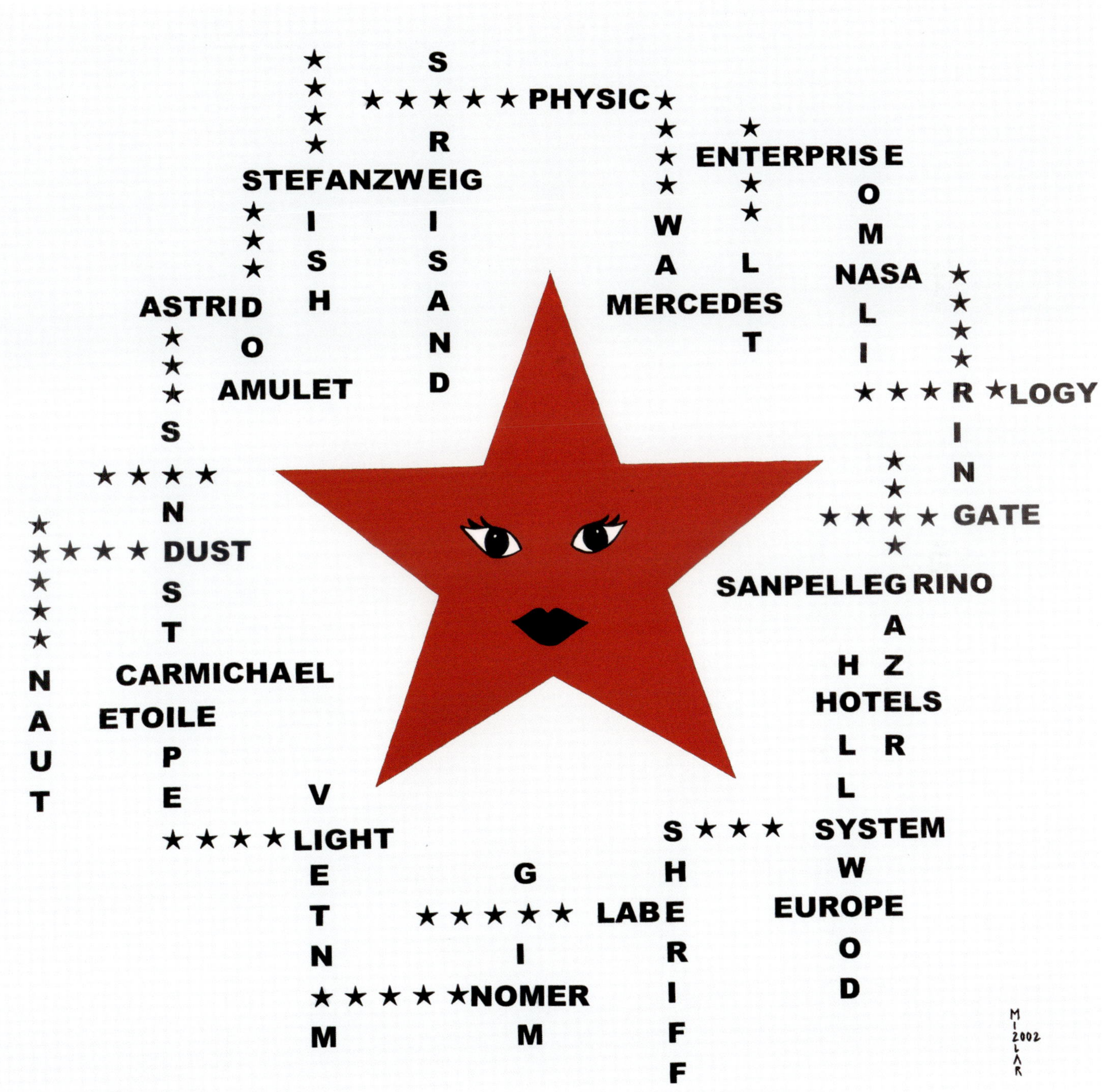
PHYSIC
STEFANZWEIG
ENTERPRISE
ASTRID
AMULET
NASA
LOGY
GATE
DUST
SANPELLEGRINO
CARMICHAEL
ETOILE
HOTELS
NAUT
LIGHT
SYSTEM
LABE
EUROPE
NOMER
MILLAR 2002

One, One, John (Cross), 2002

One, One, John (Point), 2002

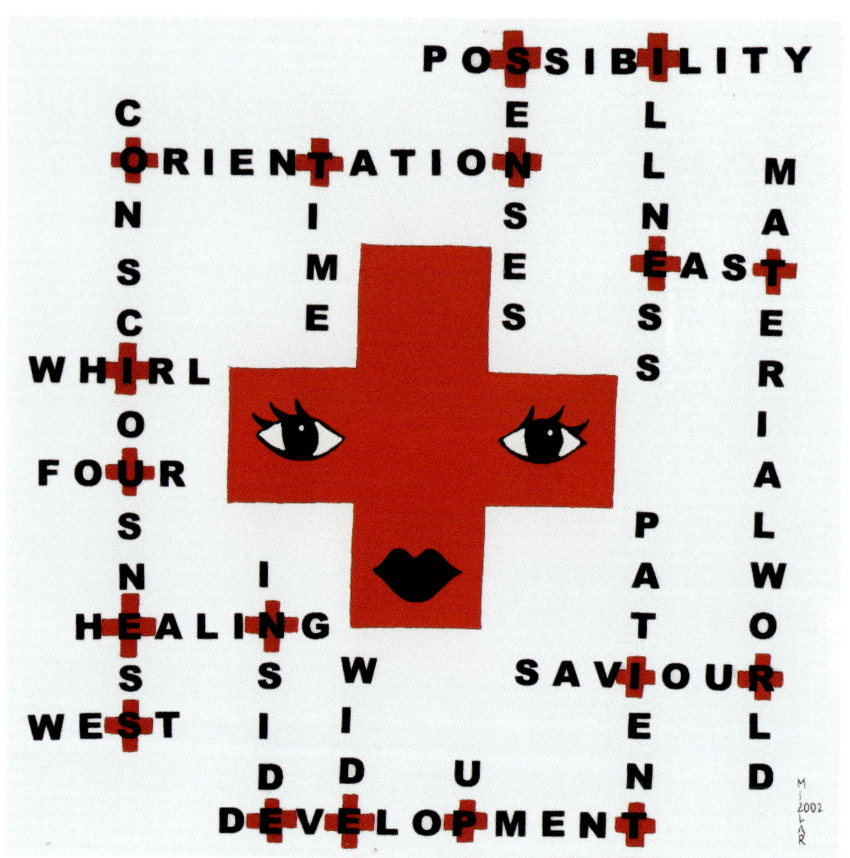

POSSIBILITY
ORIENTATION
ILLNESS
MATERIAL
EAST
WHIRL
FOUR
HEALING
INSIDE
WIDUU
PATENT
SAVIOUR
MATERIALWORLD
WEST
DEVELOPMENT
CONSCIOUSNESS
TIME
TENSES
M 2002 LAR

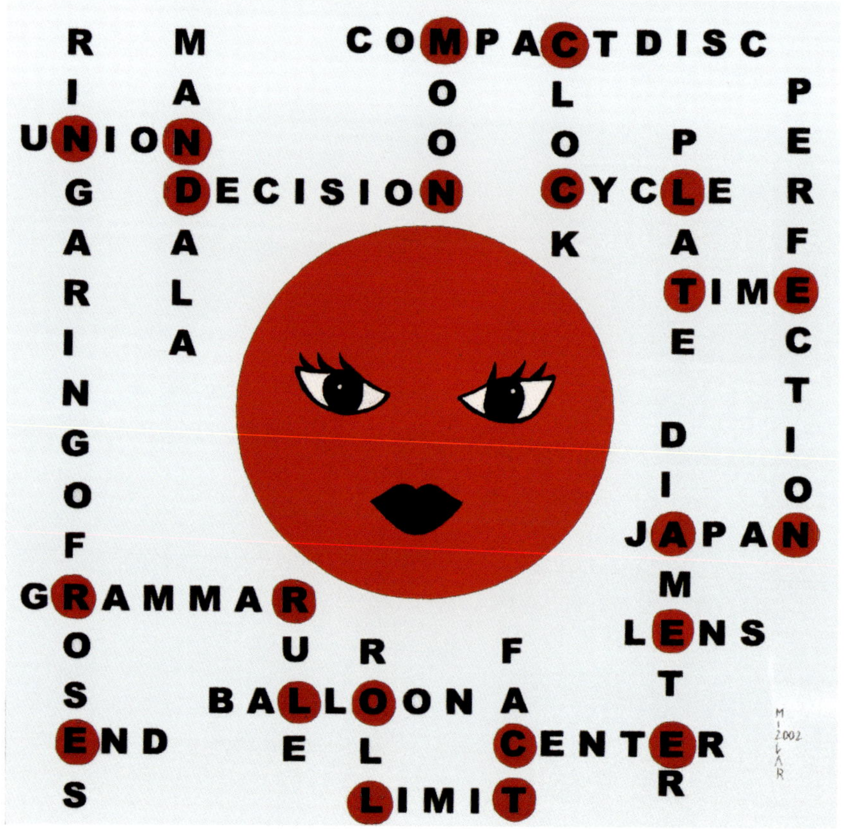

COMPACT DISC
UNION
DECISION
CYCLE
PERFECTION
CLOCK
PLATE
TIME
DIAMETER
JAPAN
LENS
RINGAROFROSES
MANDALA
MOON
GRAMMAR
END
BALLOON
CENTER
SURFACT
WELL
LIMIT
M 2002 LAR

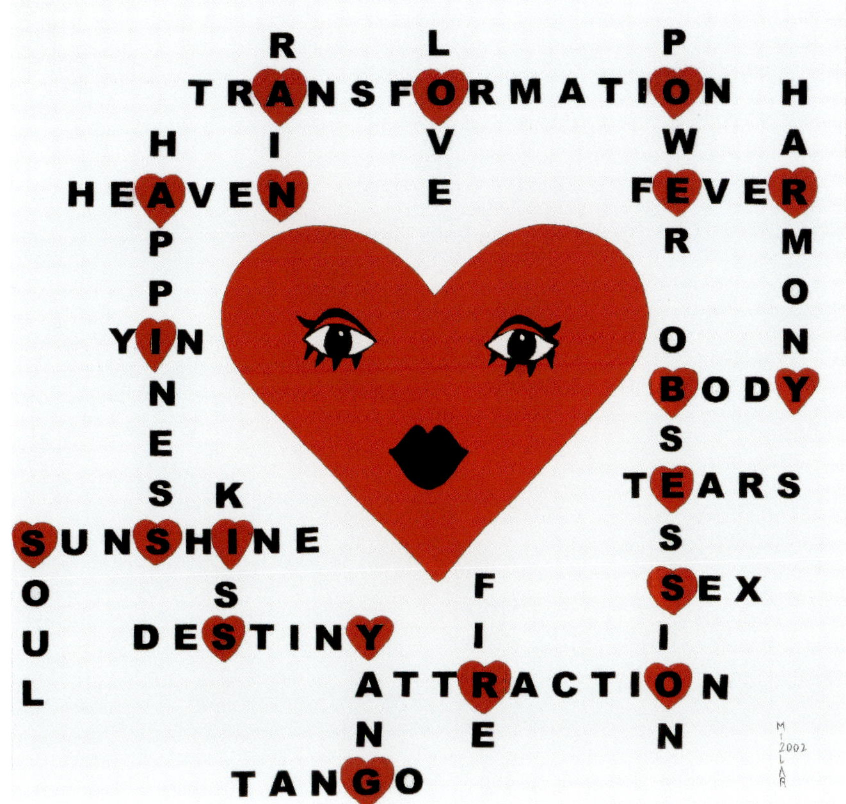
R   L   P
TRANSFORMATION   HARMONY
A   V   O
HEAVEN   FEVER
P   E   W
YIN   O
I   B   BODY
N   S
E   K   S   TEARS
SUNSHINE S   I
S   SEX
SOUL   FIRE
DESTINY A
L   ATTRACTION
N   I
TANGO   E
MILLAR 2002

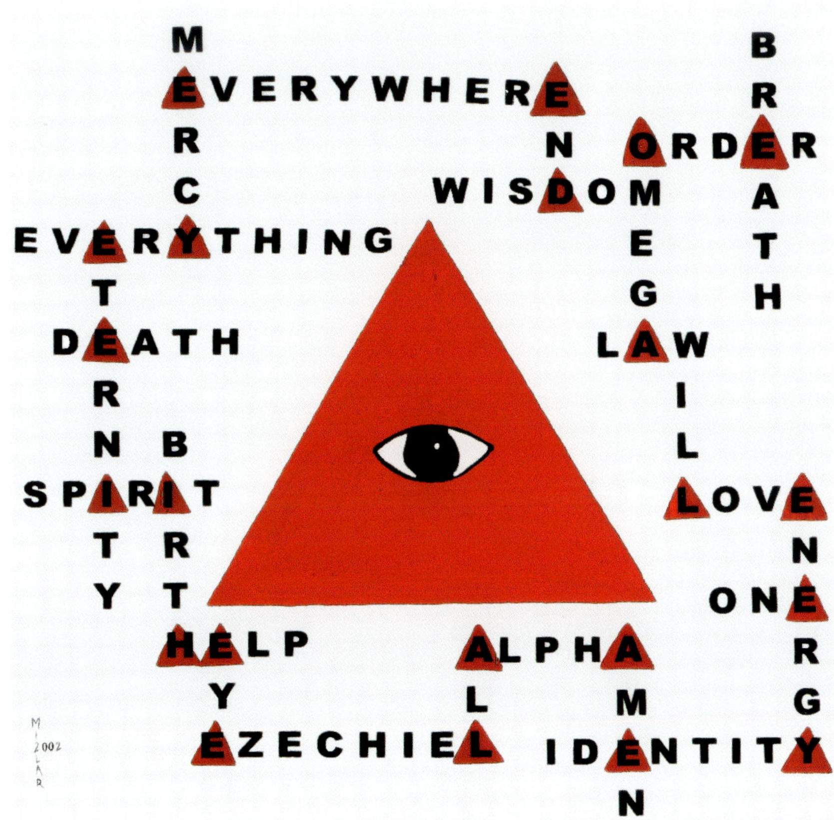
M   B
EVERYWHERE   R
R   N   ORDER
C   WISDOM   E   A
EVERYTHING   M   T
T   G   H
DEATH   L   LAW
E   I
R   B   W
N   I   I
SPIRIT   R   L
T   T   LOVE
Y   H   E
ONE N
HELP   ALPHA   R
Y   L   M   G
MILLAR 2002   EZECHIEL   IDENTITY
N

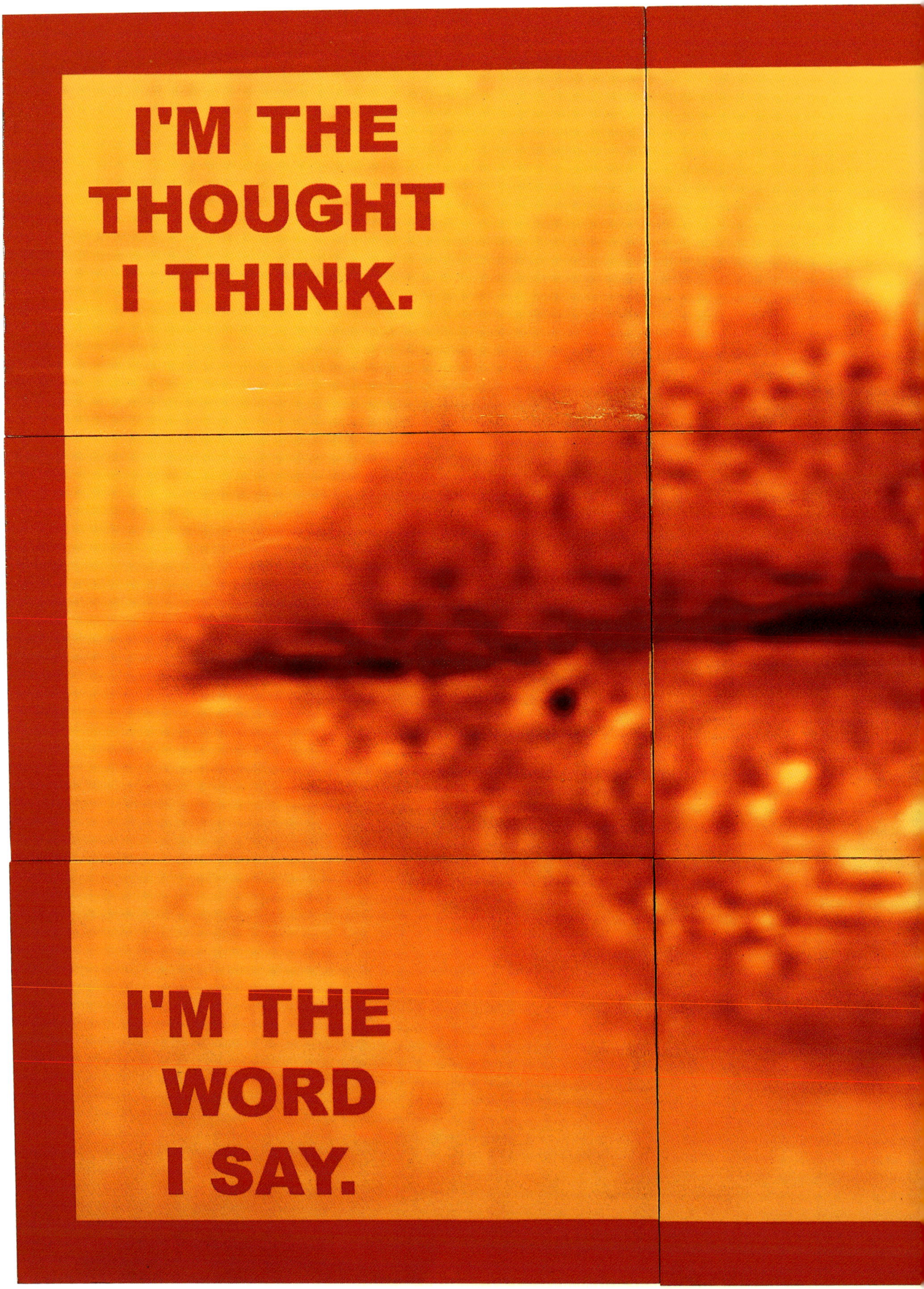

I'M THE
THOUGHT
I THINK.

I'M THE
WORD
I SAY.

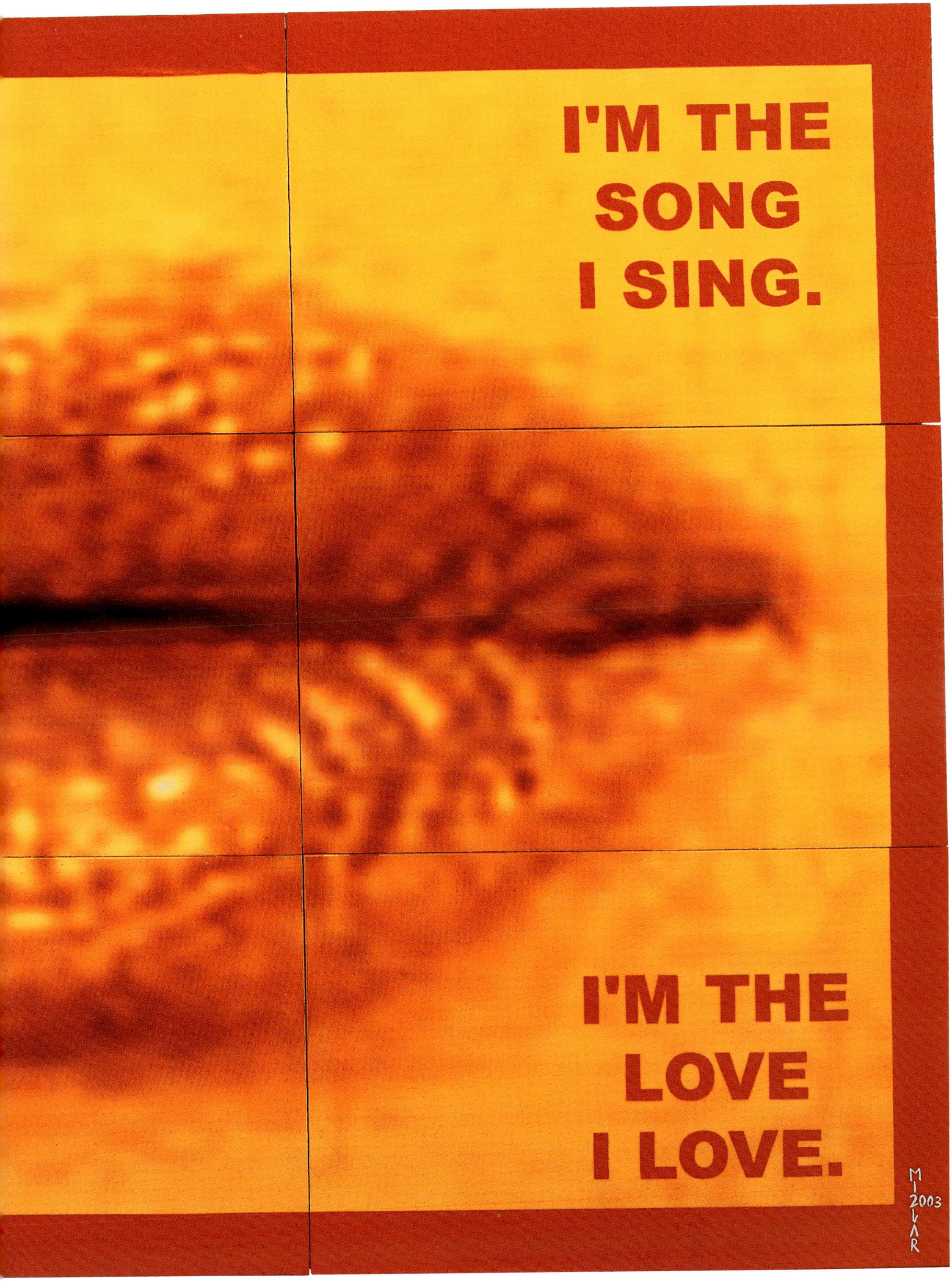

I'M THE
SONG
I SING.
I'M THE
LOVE
I LOVE.
MILLAR
2003

Pink Lips: Drive Your Body, 2003

Blue Lips: Ogm Brains, 2003

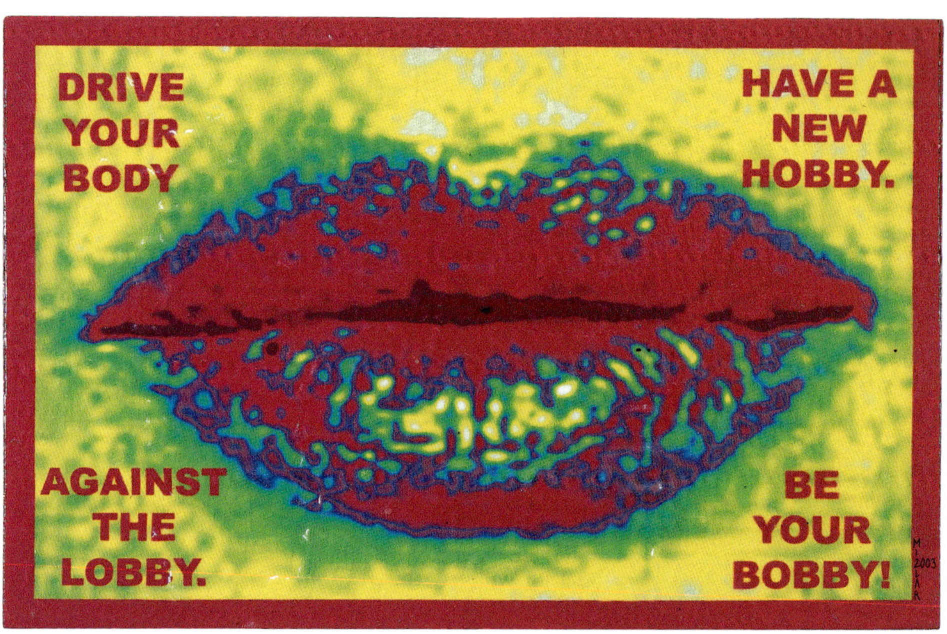

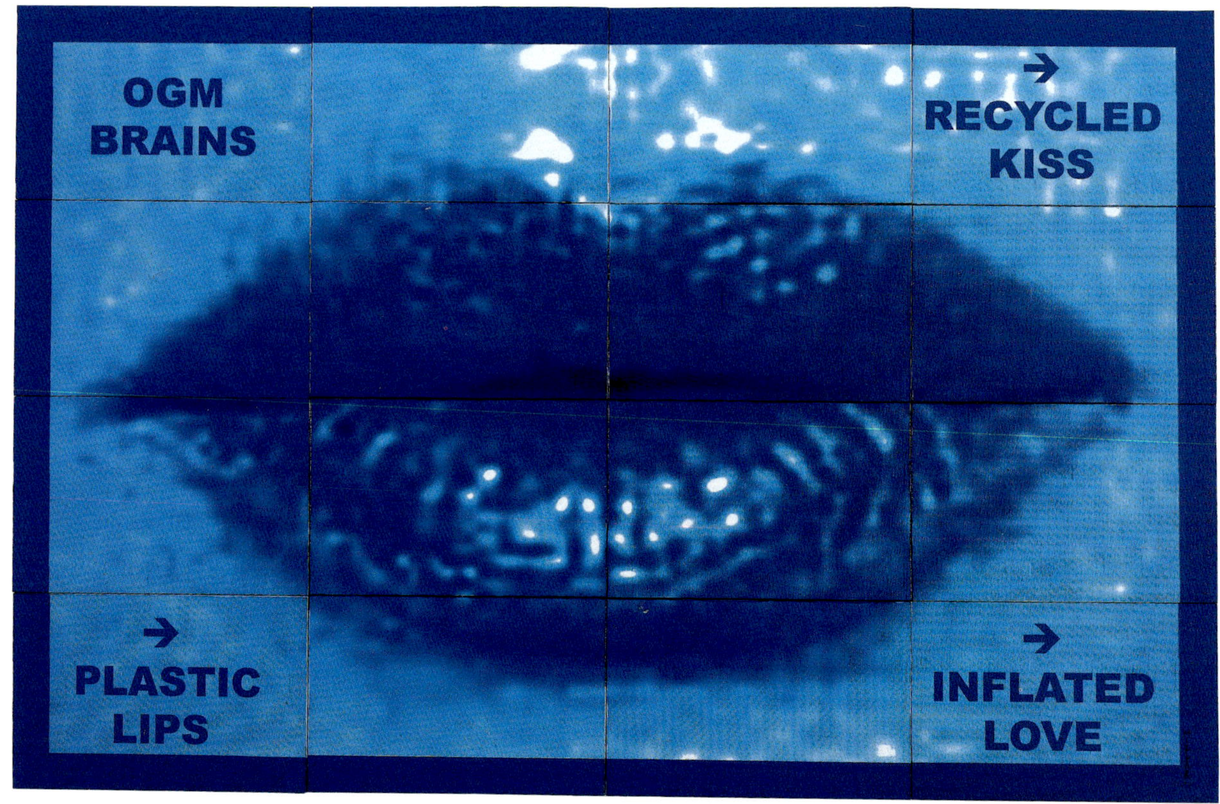

Violet Lips: I Am As "I",
2003

Green Lips: Exxxtasy, 2003

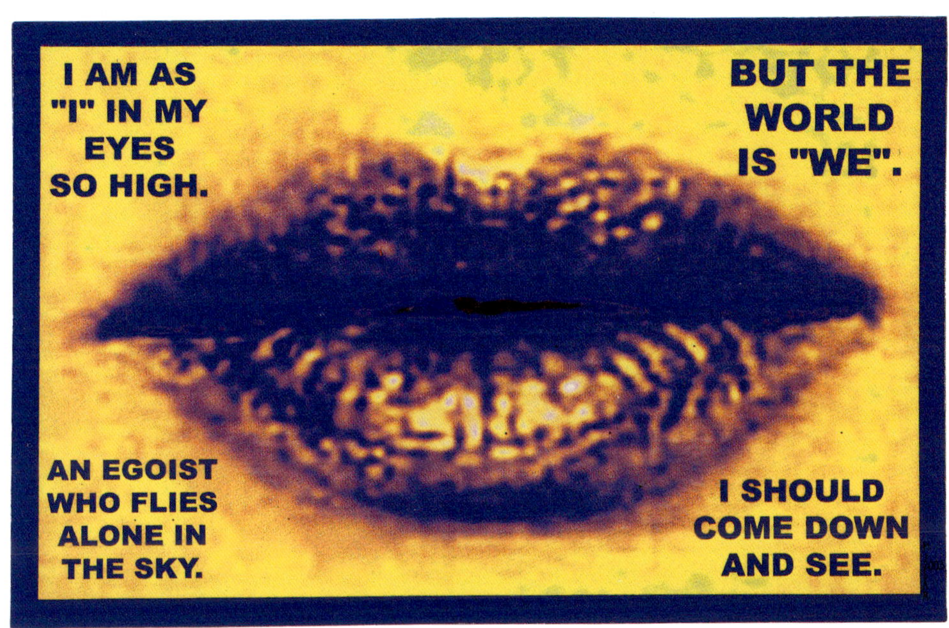

I AM AS
"I" IN MY
EYES
SO HIGH.

BUT THE
WORLD
IS "WE".

AN EGOIST
WHO FLIES
ALONE IN
THE SKY.

I SHOULD
COME DOWN
AND SEE.

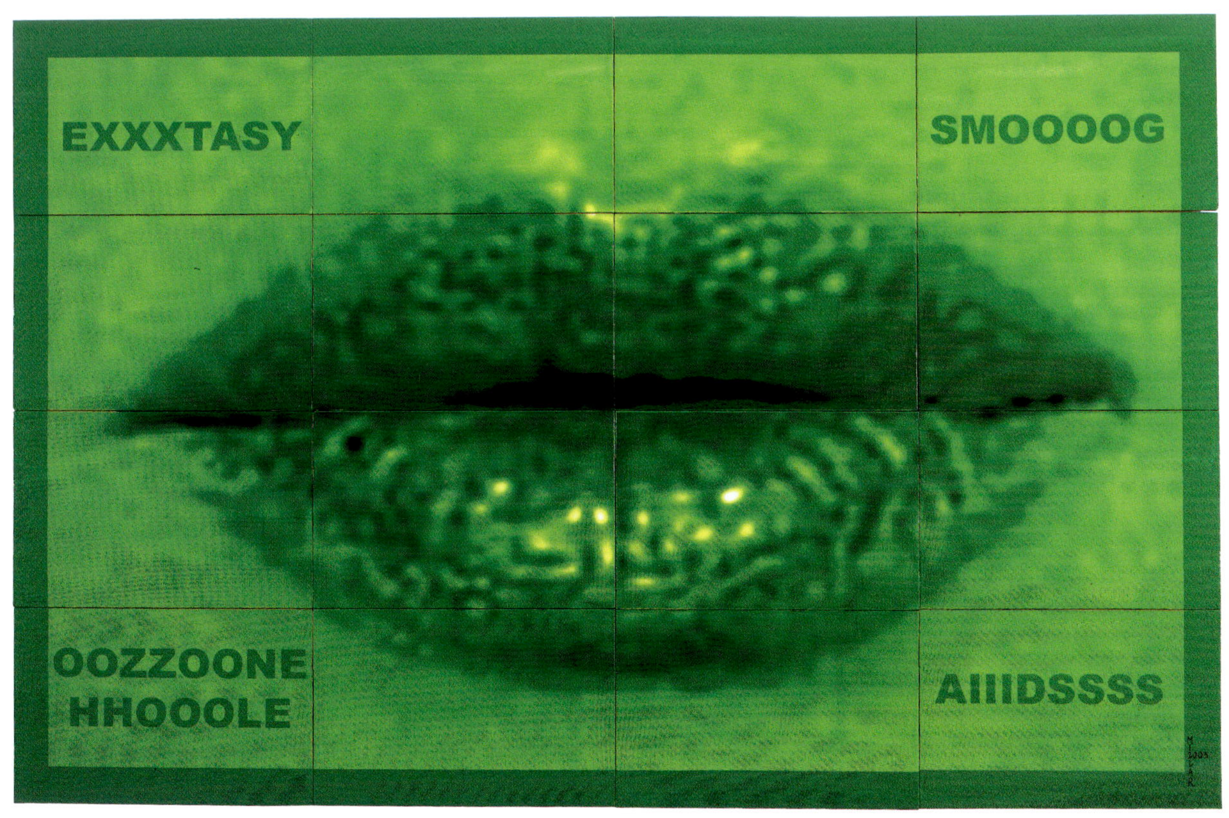

EXXXTASY
SMOOOOG
OOZZOONE
HHOOOLE
AIIIDSSSS

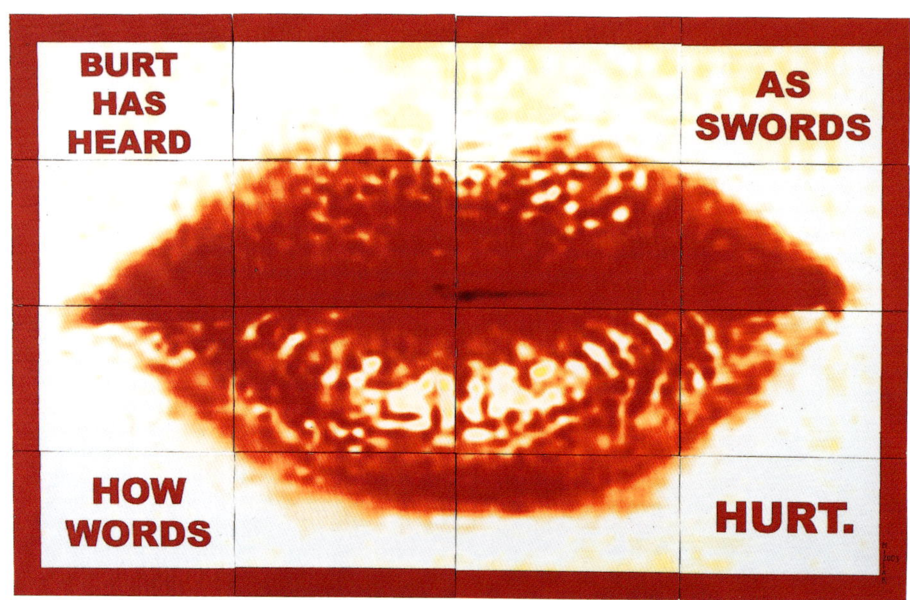

Red Lips, 2003

Burt Has Heard

Hidden Sex on Internet

Twist the Tongue

The Rich Man's Philosophy

Mr. Stress Is My Best Friend

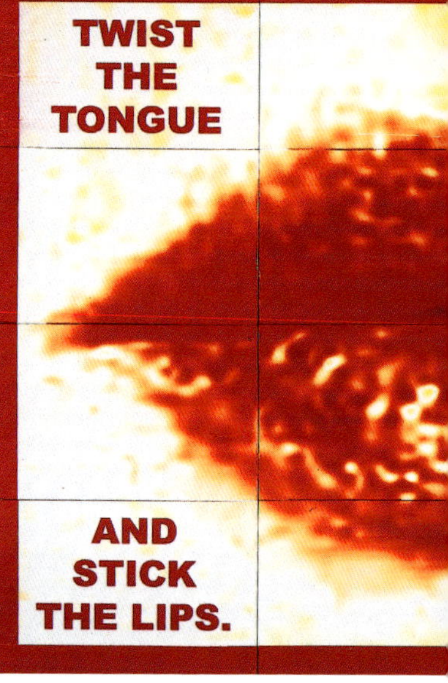

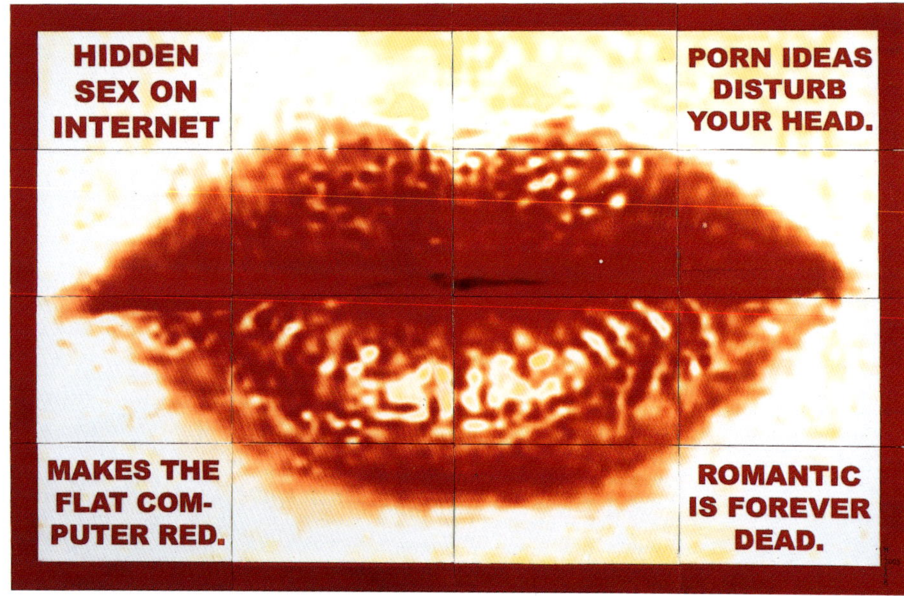

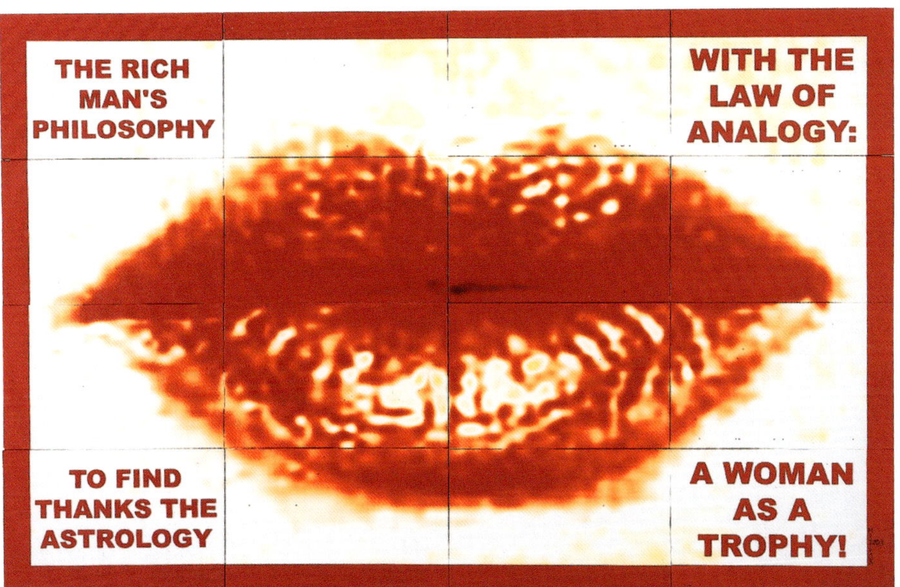

THE RICH MAN'S PHILOSOPHY
WITH THE LAW OF ANALOGY:
TO FIND THANKS THE ASTROLOGY
A WOMAN AS A TROPHY!

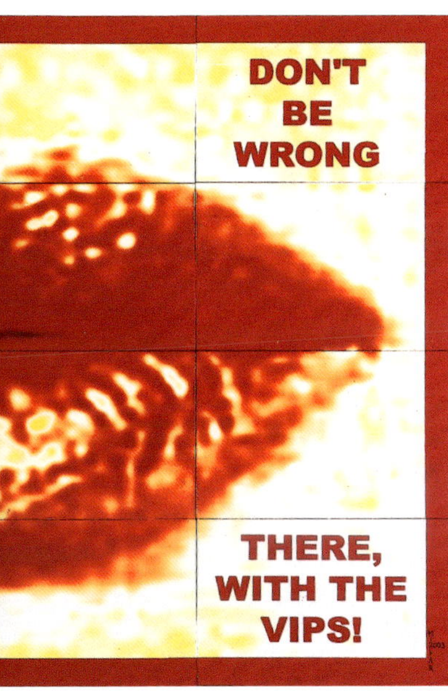

DON'T BE WRONG
THERE, WITH THE VIPS!

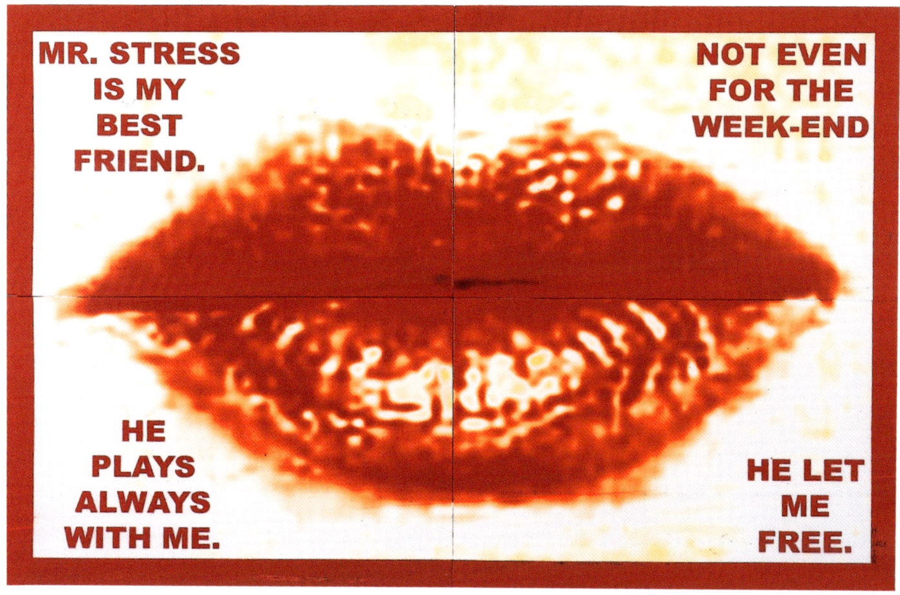

MR. STRESS IS MY BEST FRIEND.
NOT EVEN FOR THE WEEK-END
HE PLAYS ALWAYS WITH ME.
HE LET ME FREE.

Blue Lips, 2003

All Idealist Will Die

Your Precious Tip

In or Out, No More Doubt

Your Silence Is a Symphony

The Slogan of Our Beauty-Farm

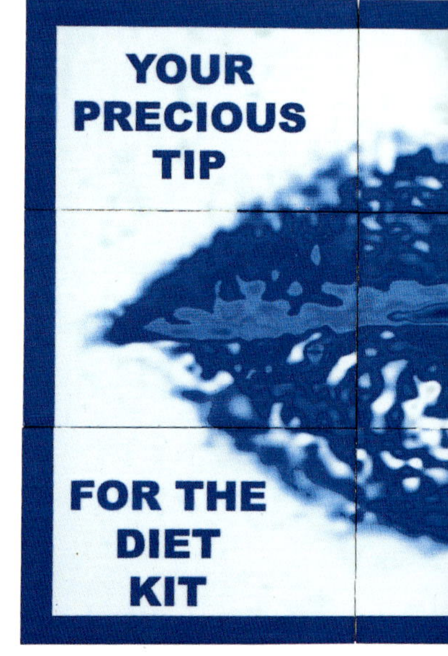

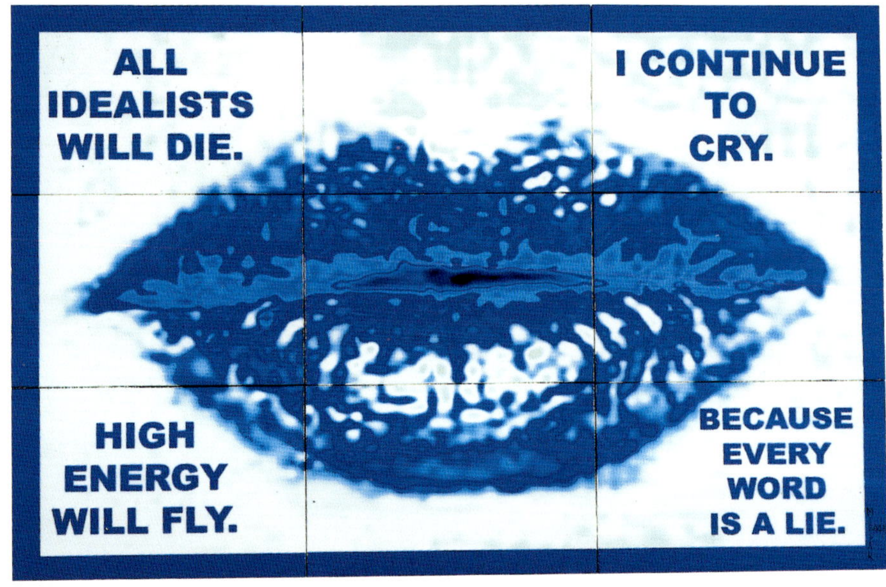

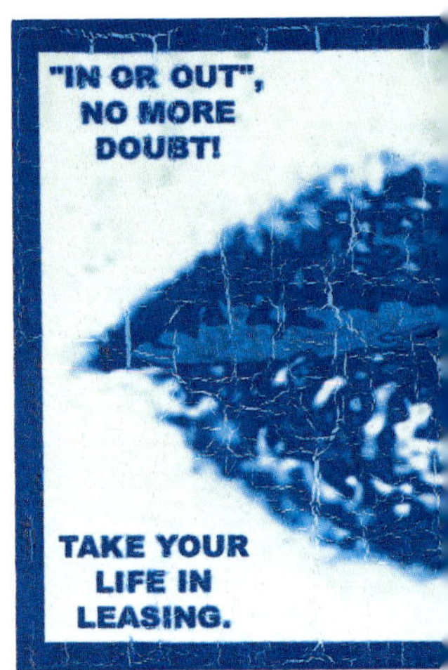

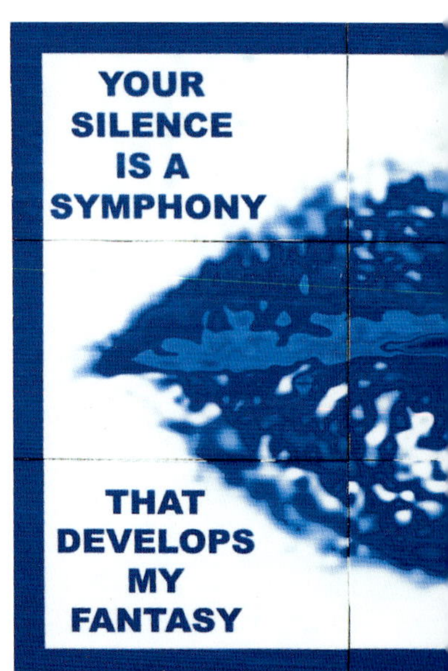

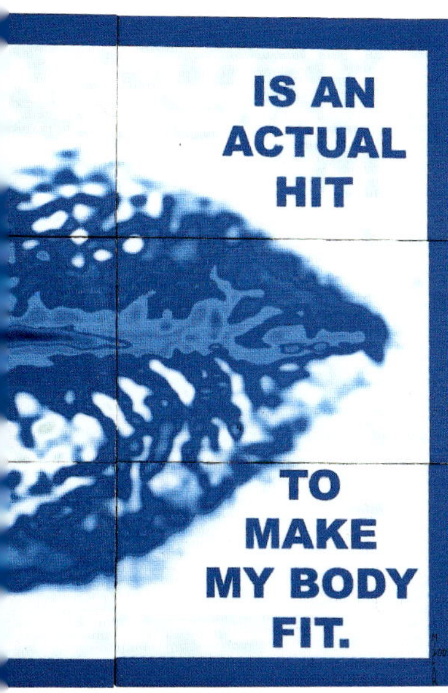

IS AN
ACTUAL
HIT
TO
MAKE
MY BODY
FIT.

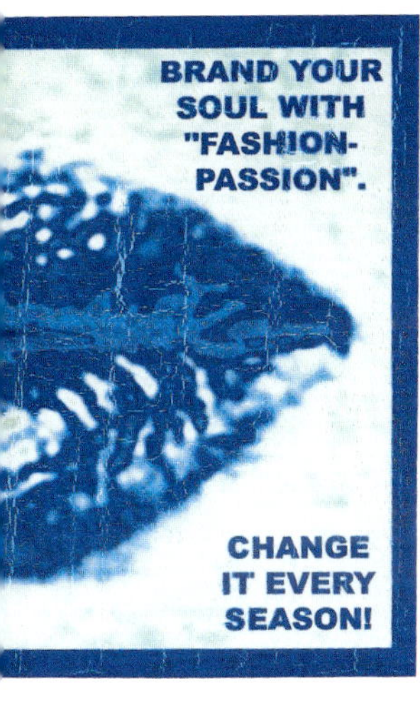

BRAND YOUR
SOUL WITH
"FASHION-
PASSION".
CHANGE
IT EVERY
SEASON!

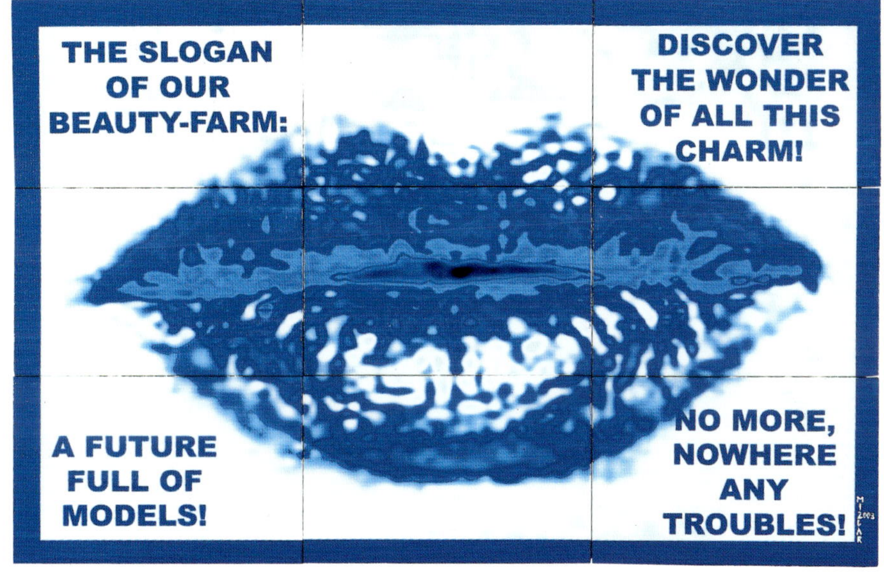

THE SLOGAN
OF OUR
BEAUTY-FARM:
DISCOVER
THE WONDER
OF ALL THIS
CHARM!
A FUTURE
FULL OF
MODELS!
NO MORE,
NOWHERE
ANY
TROUBLES!

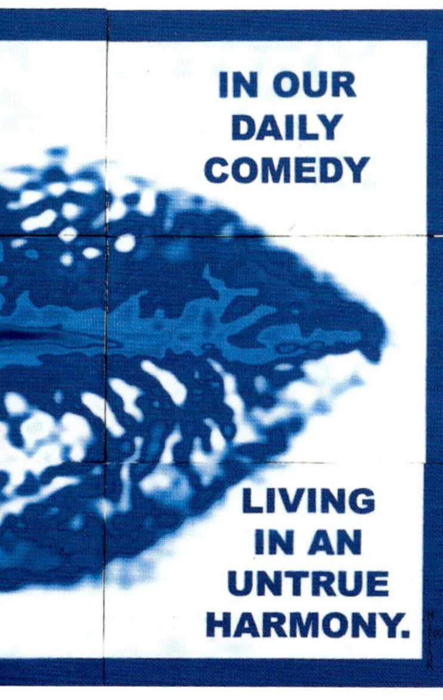

IN OUR
DAILY
COMEDY
LIVING
IN AN
UNTRUE
HARMONY.

Green Lips, 2003

Words Wrestling

Hallo Kate! Give Me the Date

A Discoparty in Disguise

With an Sms

Your Flower Breath

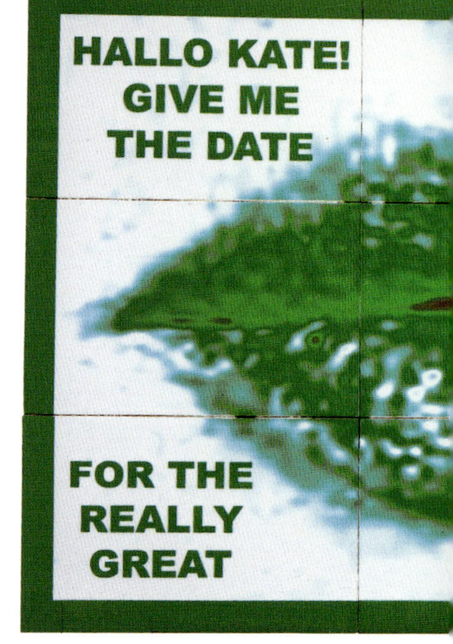

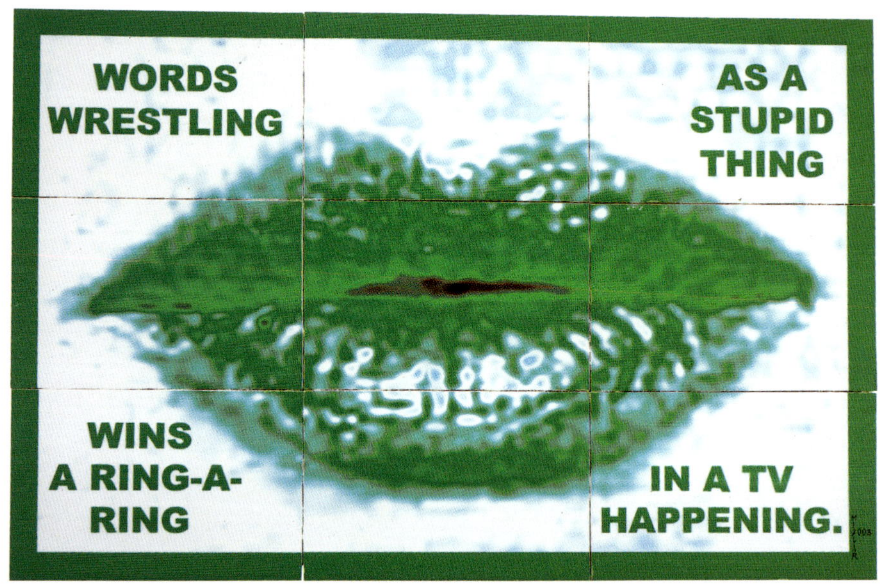

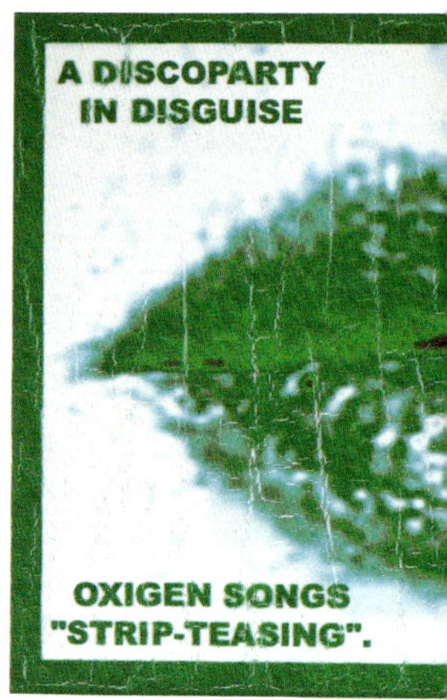

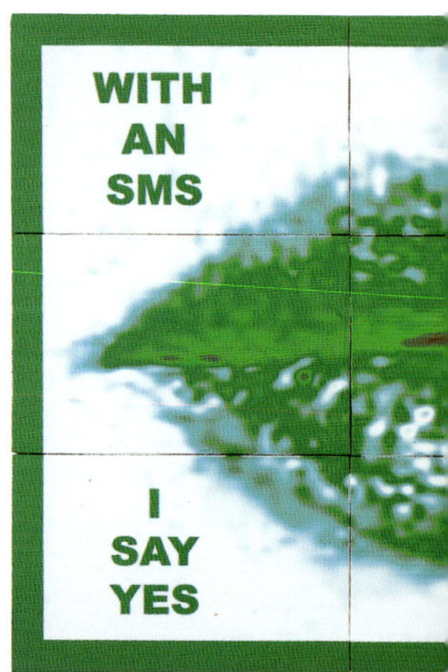

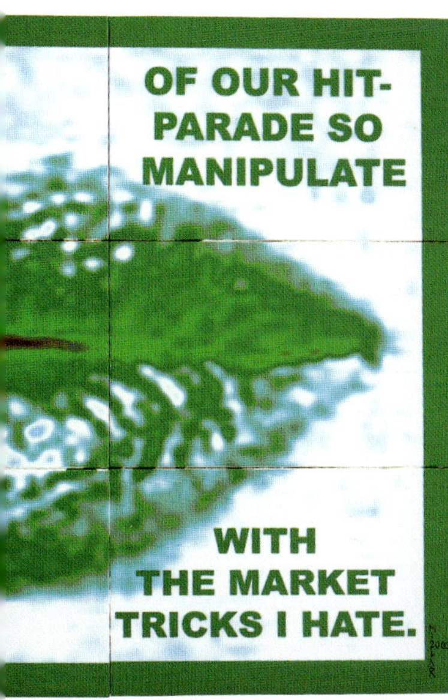
OF OUR HIT-
PARADE SO
MANIPULATE

WITH
THE MARKET
TRICKS I HATE.

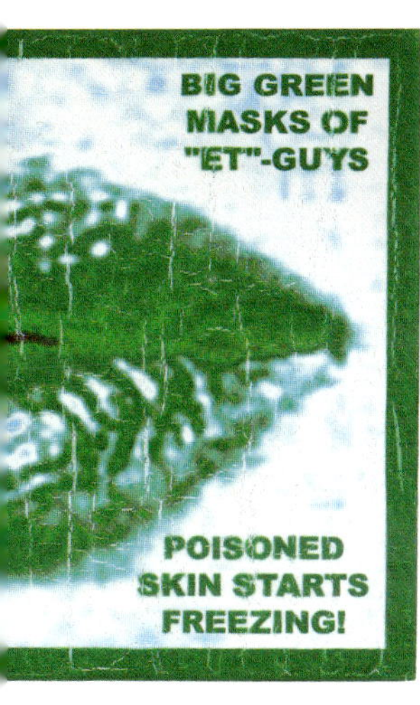
BIG GREEN
MASKS OF
"ET"-GUYS

POISONED
SKIN STARTS
FREEZING!

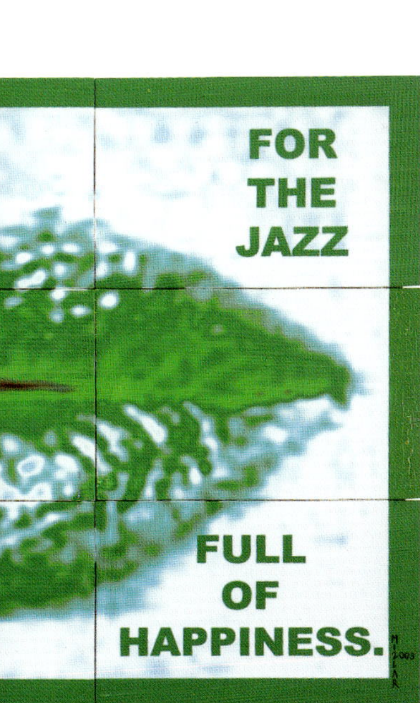
FOR
THE
JAZZ

FULL
OF
HAPPINESS.

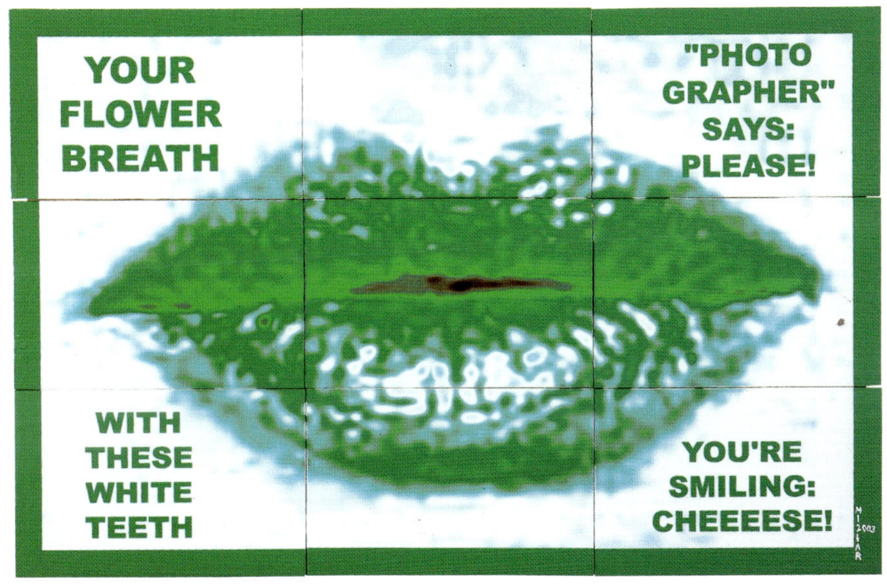
YOUR
FLOWER
BREATH

"PHOTO
GRAPHER"
SAYS:
PLEASE!

WITH
THESE
WHITE
TEETH

YOU'RE
SMILING:
CHEEEESE!

Coloured Eyes: I Am 2, 2003

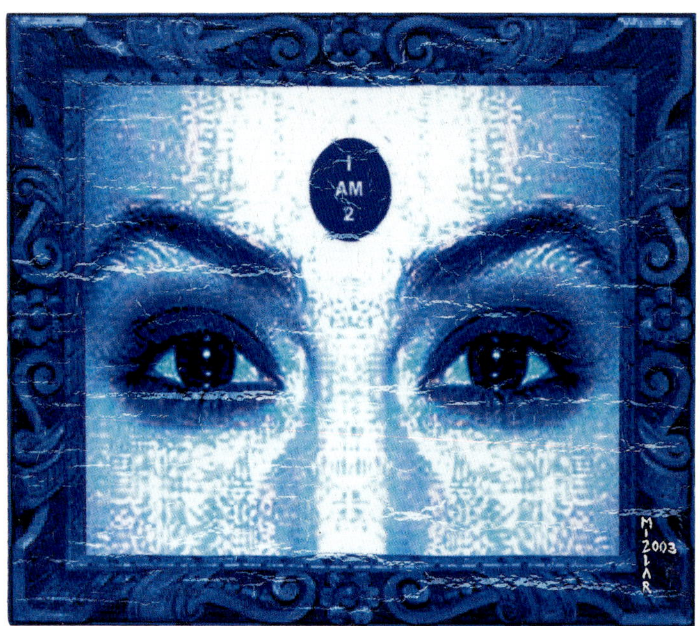

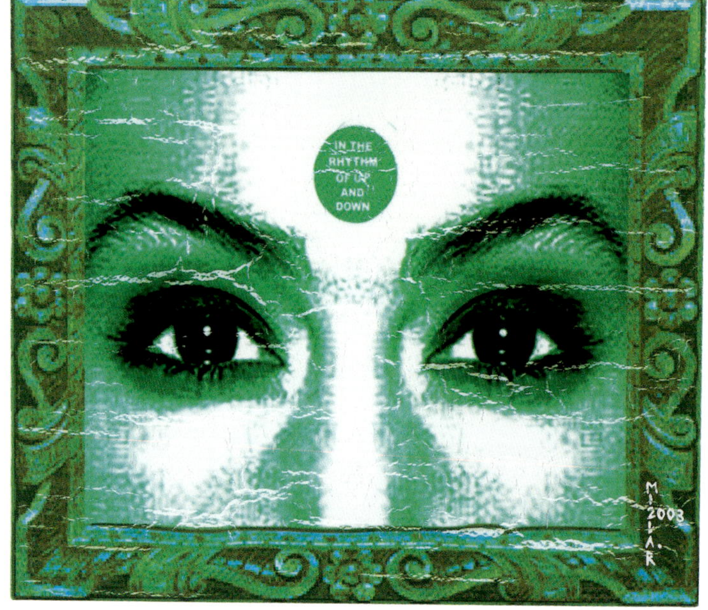

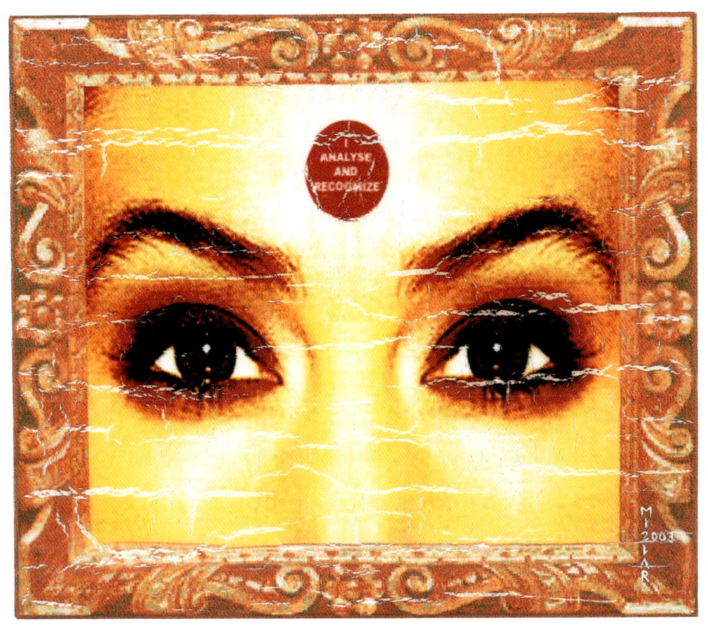

I
ANALYSE
AND
RECOGNIZE
MILLAR 2003

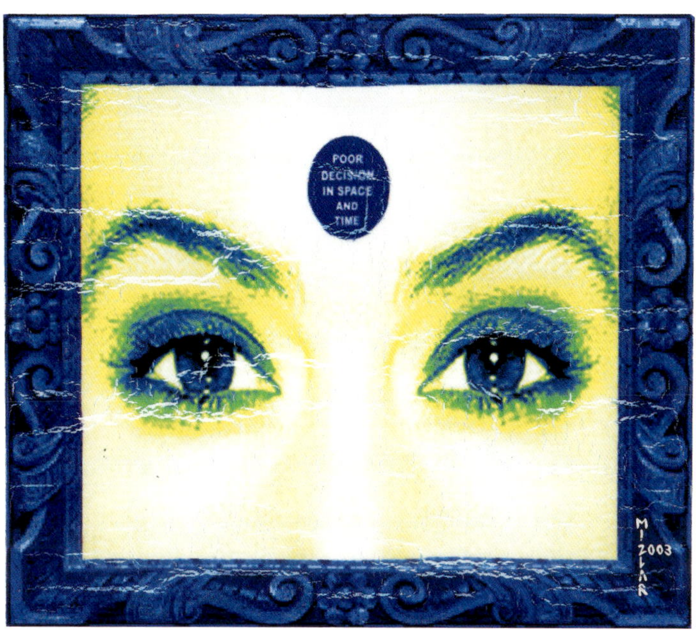

POOR
DECISION
IN SPACE
AND
TIME
MILLAR 2003

THE TRUE LIPSER

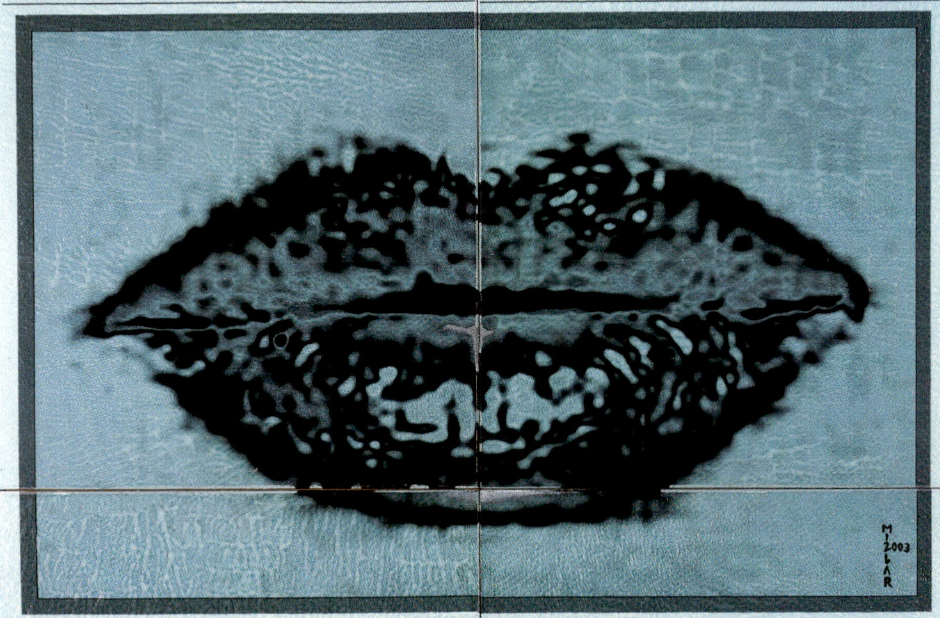

THE TRUE LIPSER

FOUNDED 2003

SATURDAY
JUNE 21, 2003
EURO 1.20

DIRECTION, EDITING,
ADMINISTRATION, TYPOGRAGHY:
BREATH OF UNIVERSE

YEAR 1
NUMBER 1

BEATRIZ MILLAR UNDER ATTACK FOR HER SLOGAN "EVVIVA LA DISOCCUPAZIONE!"

Page 2:
No "Ciao" for
one Kilo of Bread

Page 3:
The Hairdresser's Girl
says "Merda"

Page 4:
No Smile in
Post-Office

Page 5:
Pray in Church
with Icecreams

Page 6:
Boxers and T-Shirts
in Town, the "trash-chic
c'est très chic????"

Page 7:
Oversize Vulgarity!

Page 8:
Concentration or
Distraction?

Page 9:
The Sex-Appeal
of Nothing

Page 10:
The Lazybones'
warm chairs

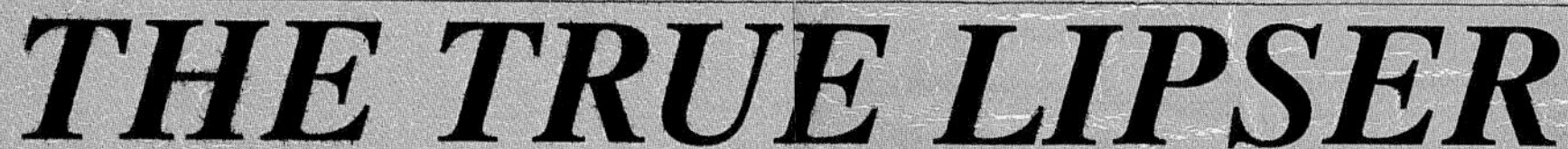

THE TRUE LIPSER
FOUNDED 2003
THURSDAY
JUNE 26, 2003
EURO 1.20
DIRECTION, EDITING,
ADMINISTRATION, TYPOGRAGHY:
BREATH OF UNIVERSE
YEAR 1
NUMBER 2

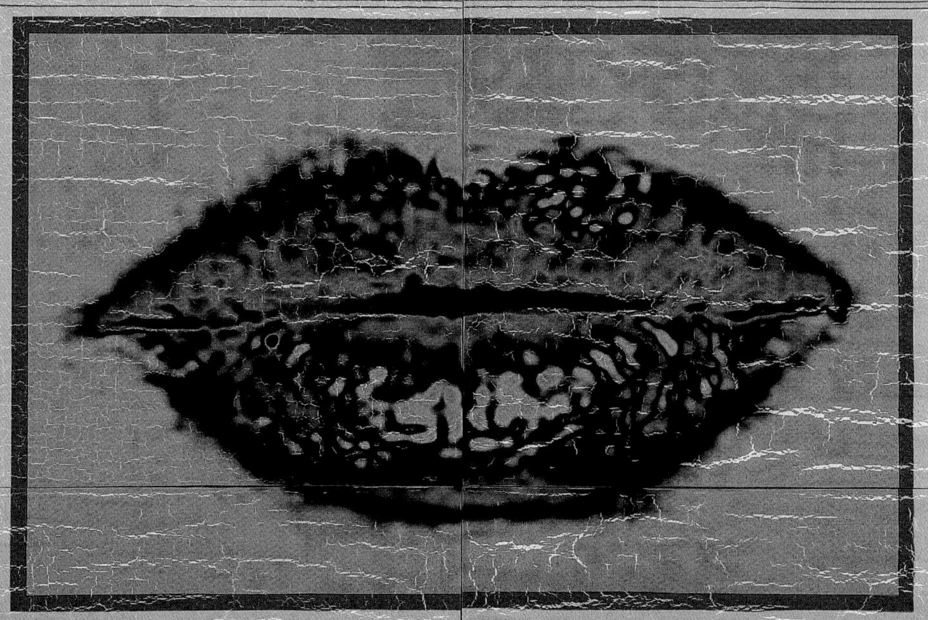

MILAN (Disco Hollywood):
"PEOPLE OF THE NIGHT"
(1000 VISITORS)
KIDNAPPED BY BEATRIZ MILLAR
Her conditions for the victims'release:
Earn your freedom with conscience!!!

For 1 Week: No Cigarettes, no Hi-Fi, no TV, no Internet,
no Videogame, no Cell-Phone, no Car,
no Moto.

For 1 Week: Yes Talk on Walk, Yes Read a Book,
Yes Clean the Beach, Yes Help the Least...
and Smile!

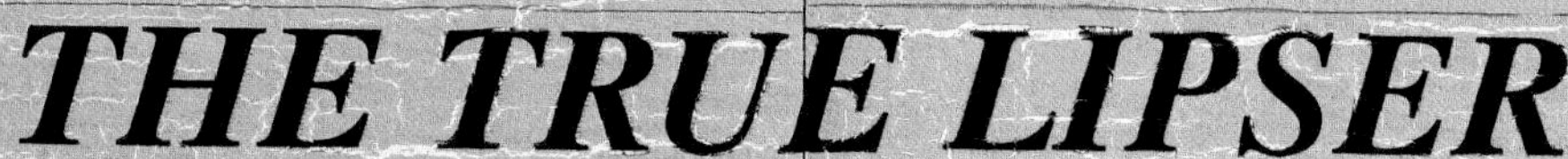

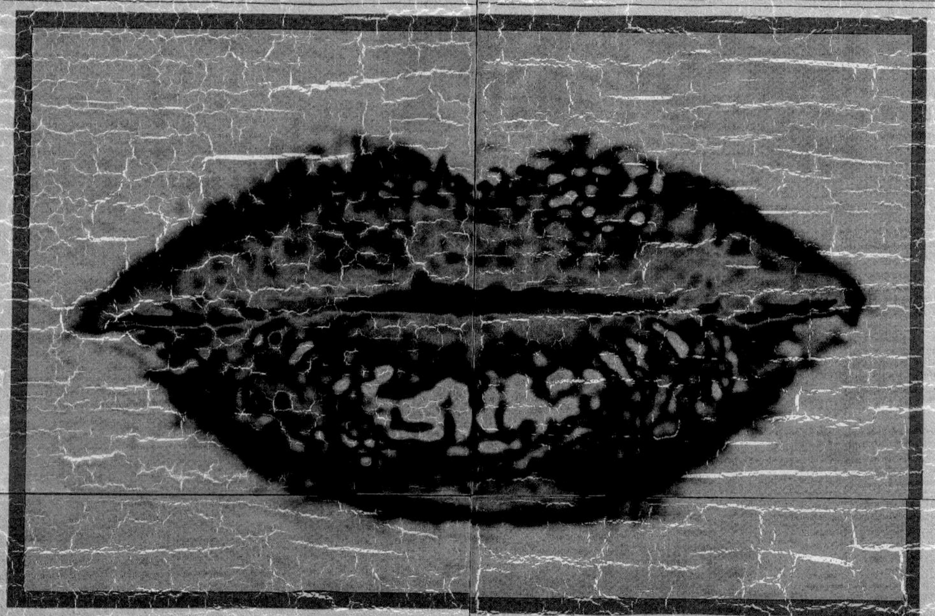

THE TRUE LIPSER

FOUNDED 2003

THURSDAY
FEBRUARY 12, 2004
EURO 1.20

DIRECTION, EDITING,
ADMINISTRATION, TYPOGRAGHY:
BREATH OF UNIVERSE

YEAR 2
NUMBER **3**

WHAT MAKES AN ARTIST "TRENDY": THE REASON WHY BEATRIZ MILLAR IS "OUT"!

She is not
a MINIMALIST,
a PESSIMIST,
a THINKBIGGIST,
a PURELINIST
a MONOCOLOURIST,
a ANTIFANTASIST,
a FAIRTROTTER,
a SLAVEHOLDER,

a CRITICDEPENDER,
a PRICEWINNER,
a LOFTLIVER
a GALLERISTCONQUEROR,
a CLICHE'KEEPER,
a PAINTBRUSHSNOBBER,
a VERNISSAGEHUNTER,
a MAGAZINEGOSSIPPER

MORNINGDIARY

Morningdiary 1, 2004

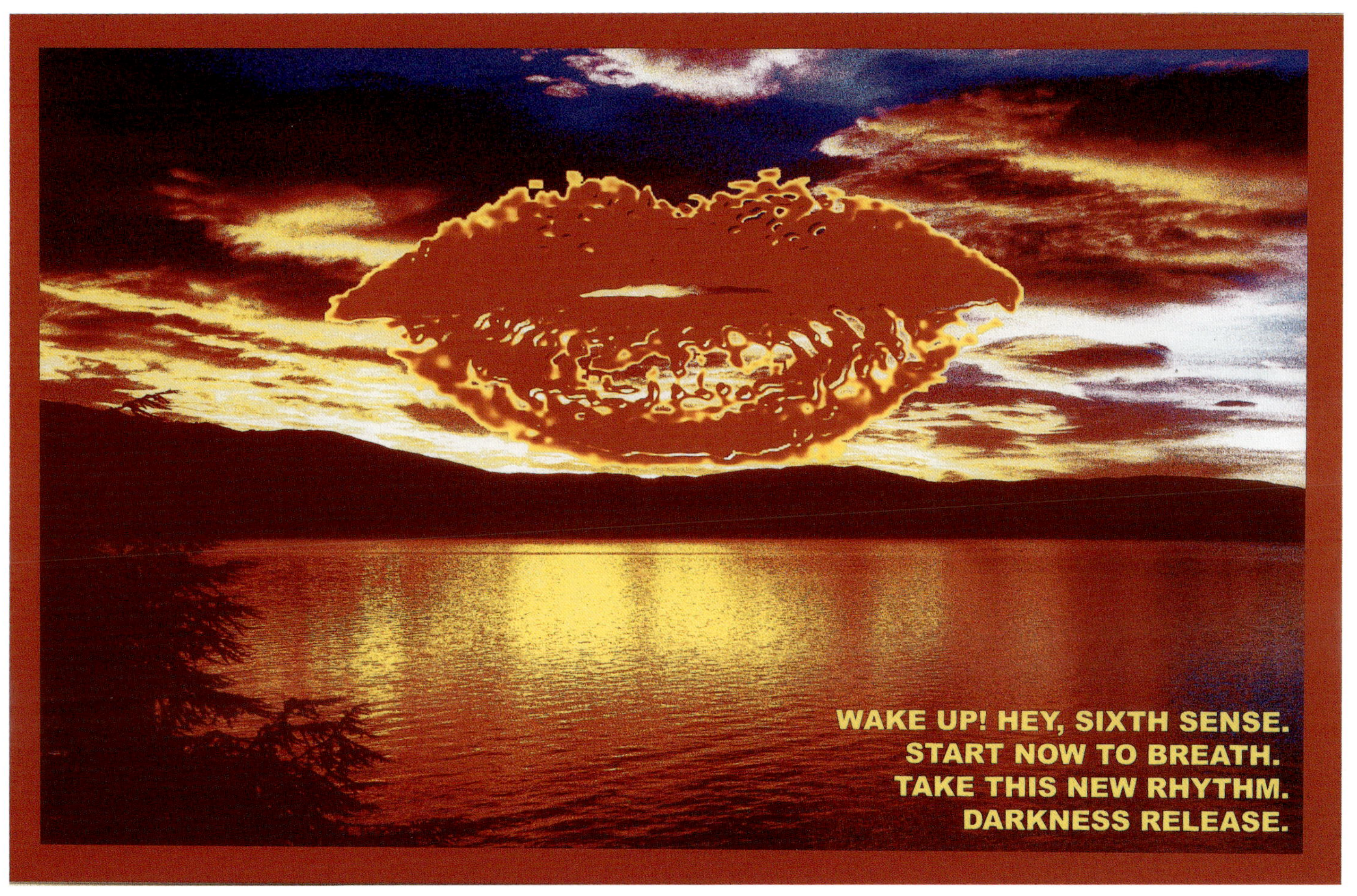

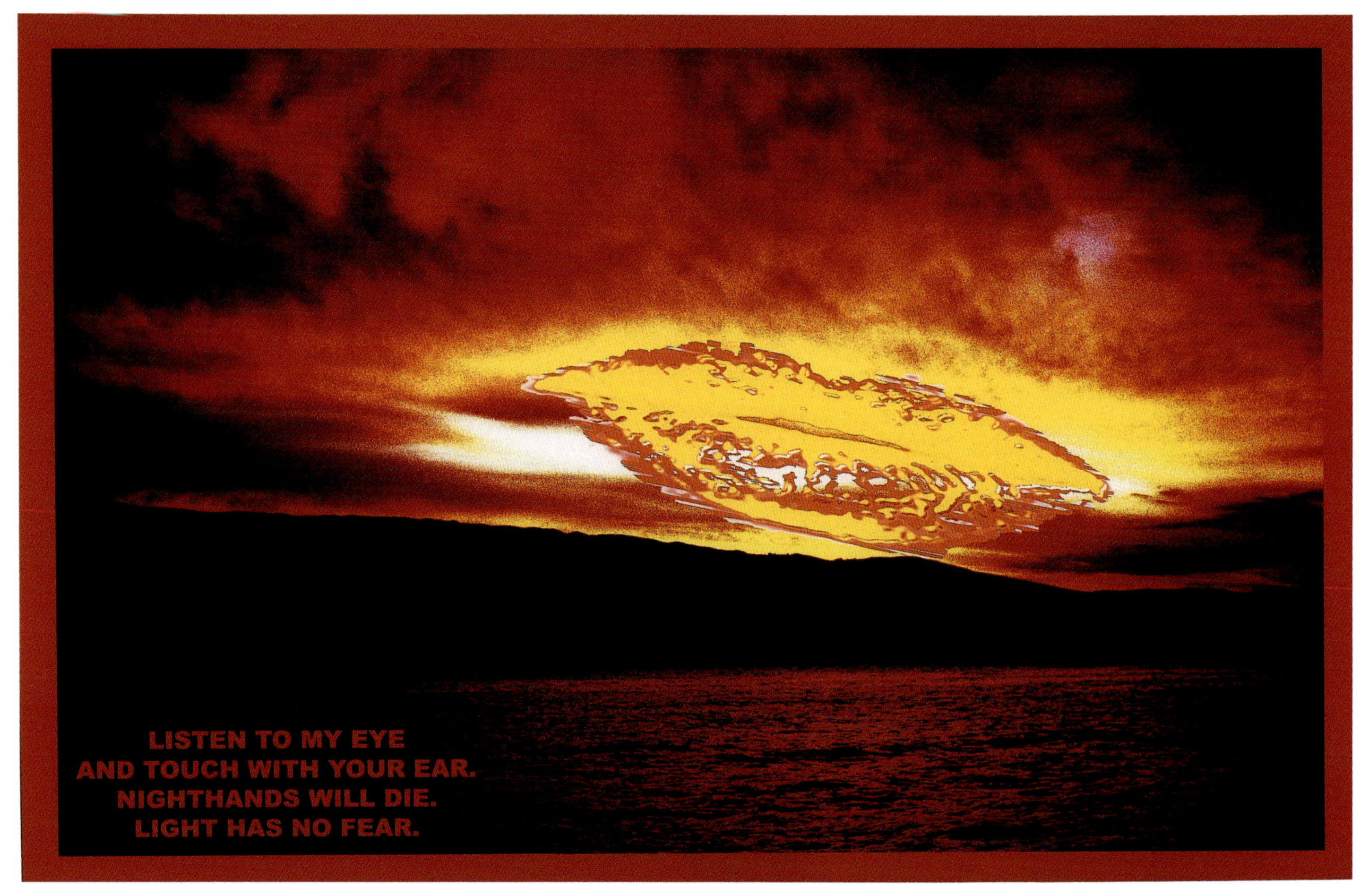
LISTEN TO MY EYE
AND TOUCH WITH YOUR EAR.
NIGHTHANDS WILL DIE.
LIGHT HAS NO FEAR.

p. 104-105

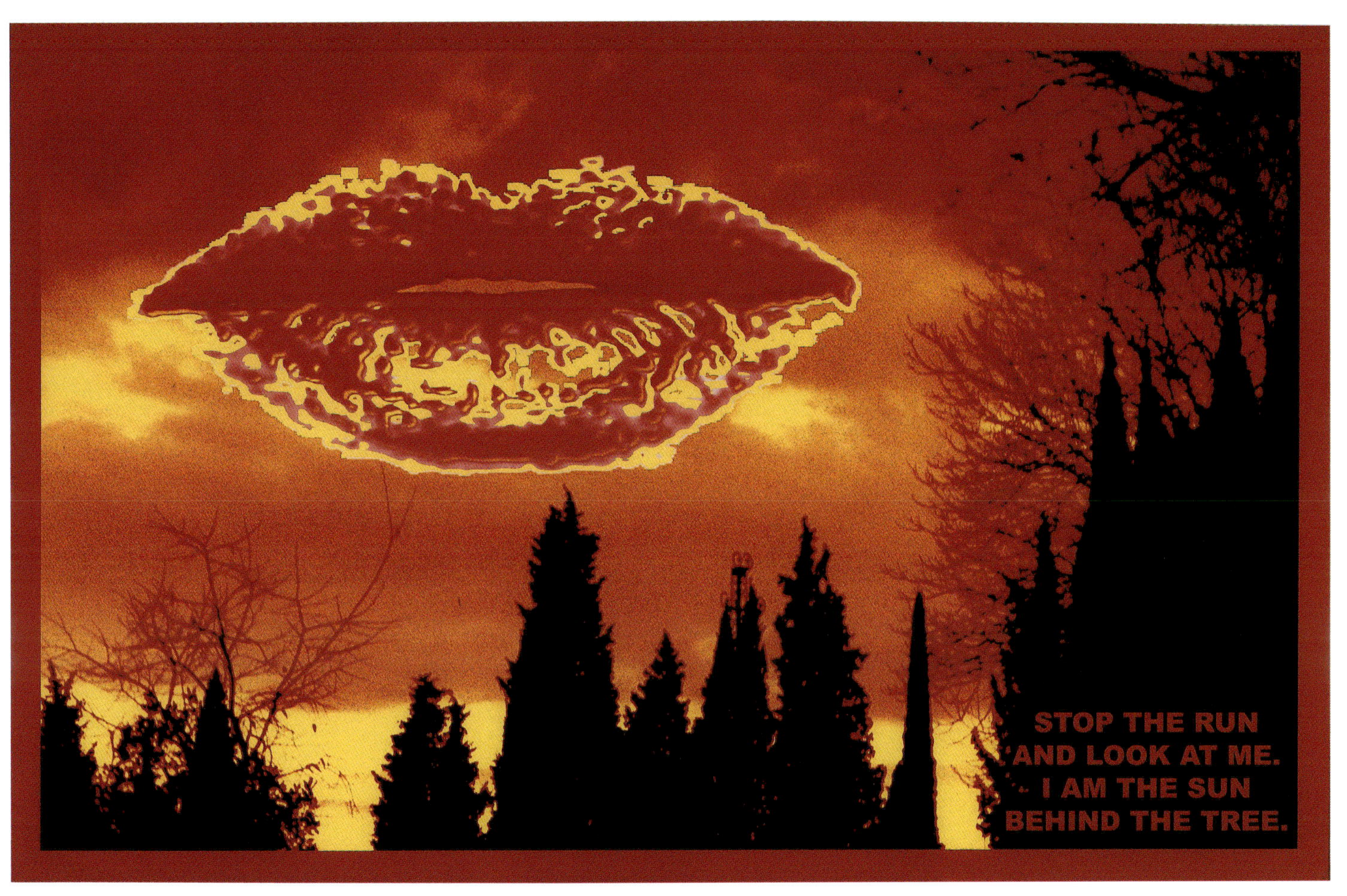

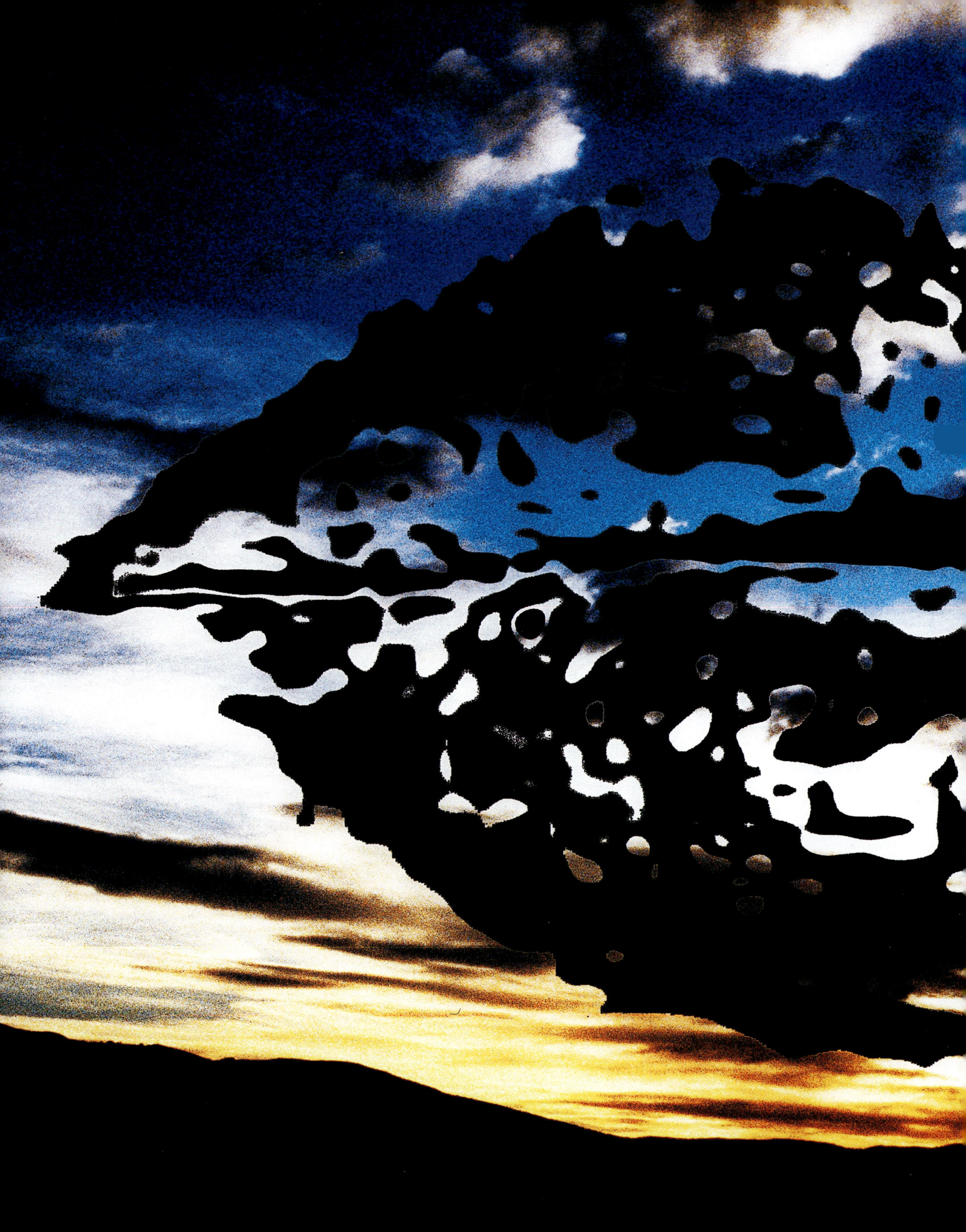

2004: 24 HOURS NIGHT (TELL ME

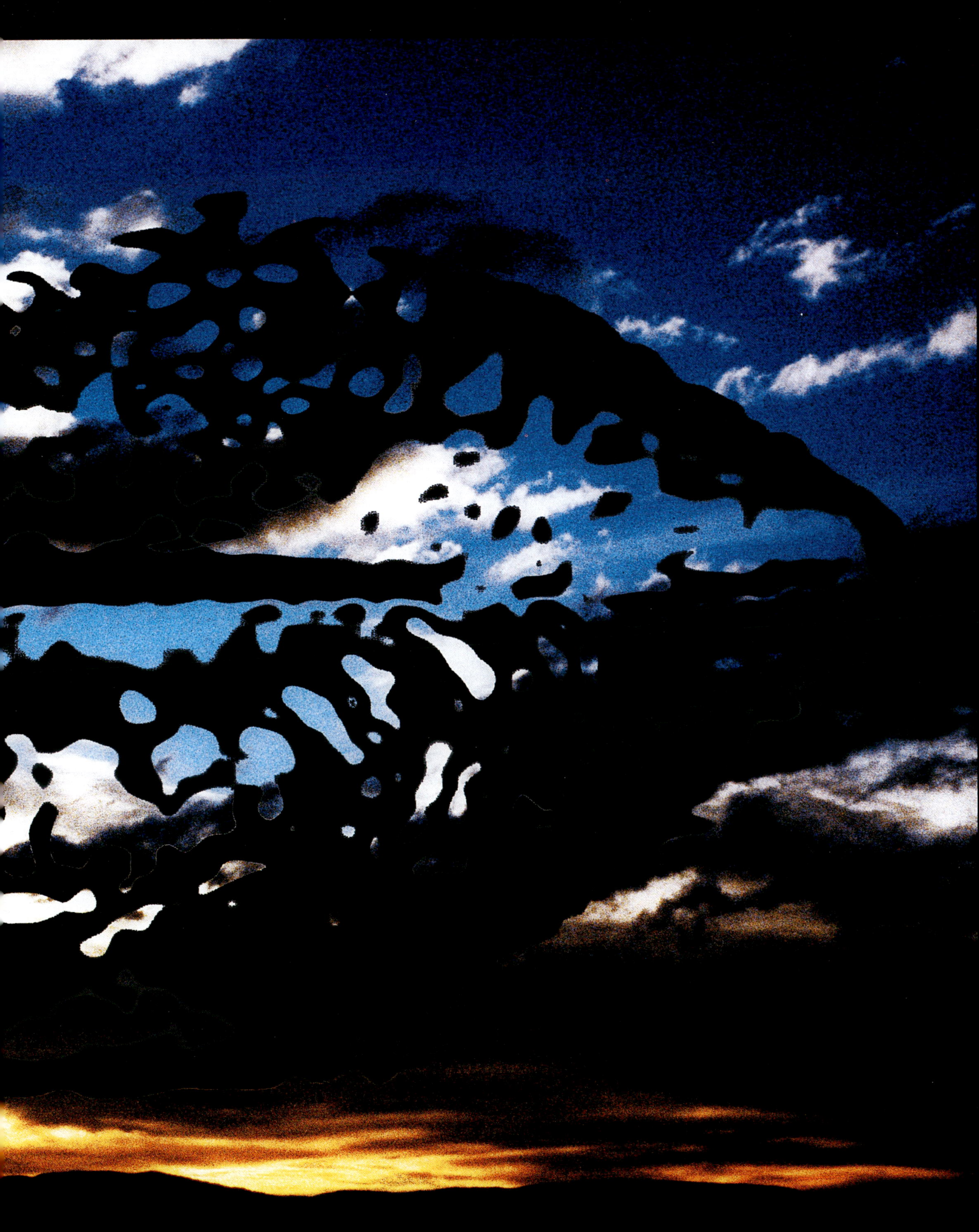
ERE THE COLOURS HAVE GONE???)

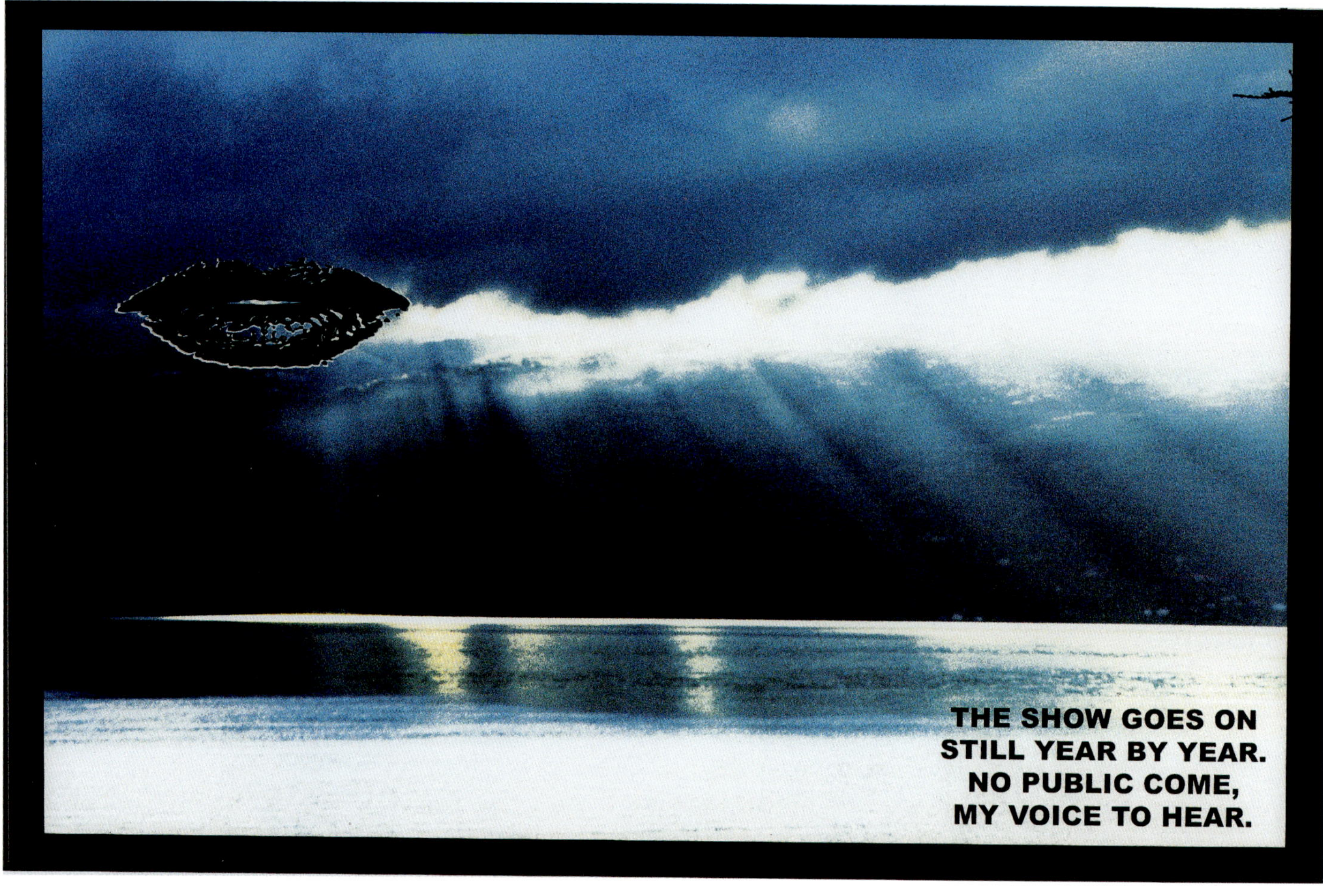
THE SHOW GOES ON
STILL YEAR BY YEAR.
NO PUBLIC COME,
MY VOICE TO HEAR.

Morningdiary 6, 2004

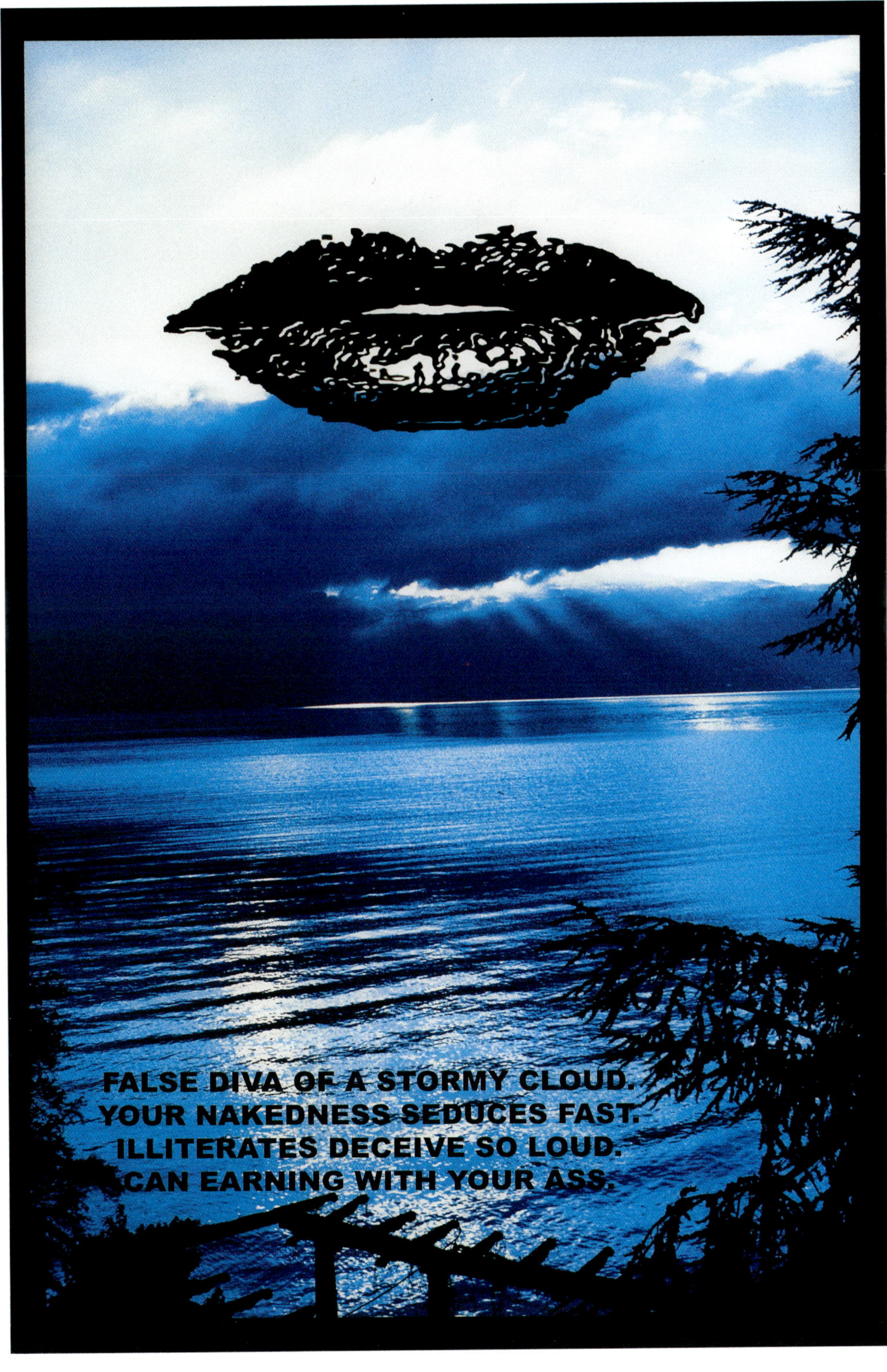

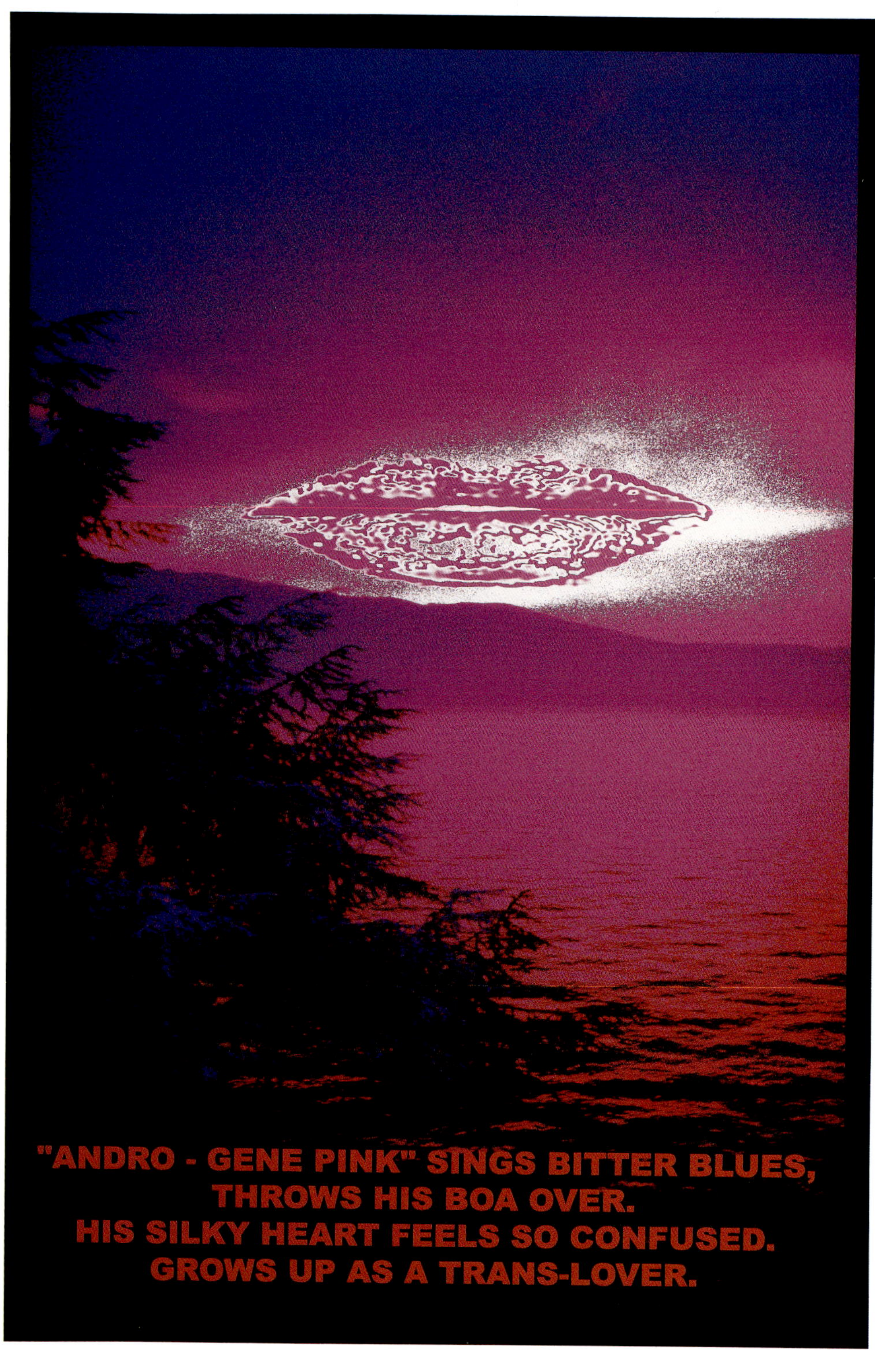
"ANDRO - GENE PINK" SINGS BITTER BLUES,
THROWS HIS BOA OVER.
HIS SILKY HEART FEELS SO CONFUSED.
GROWS UP AS A TRANS-LOVER.

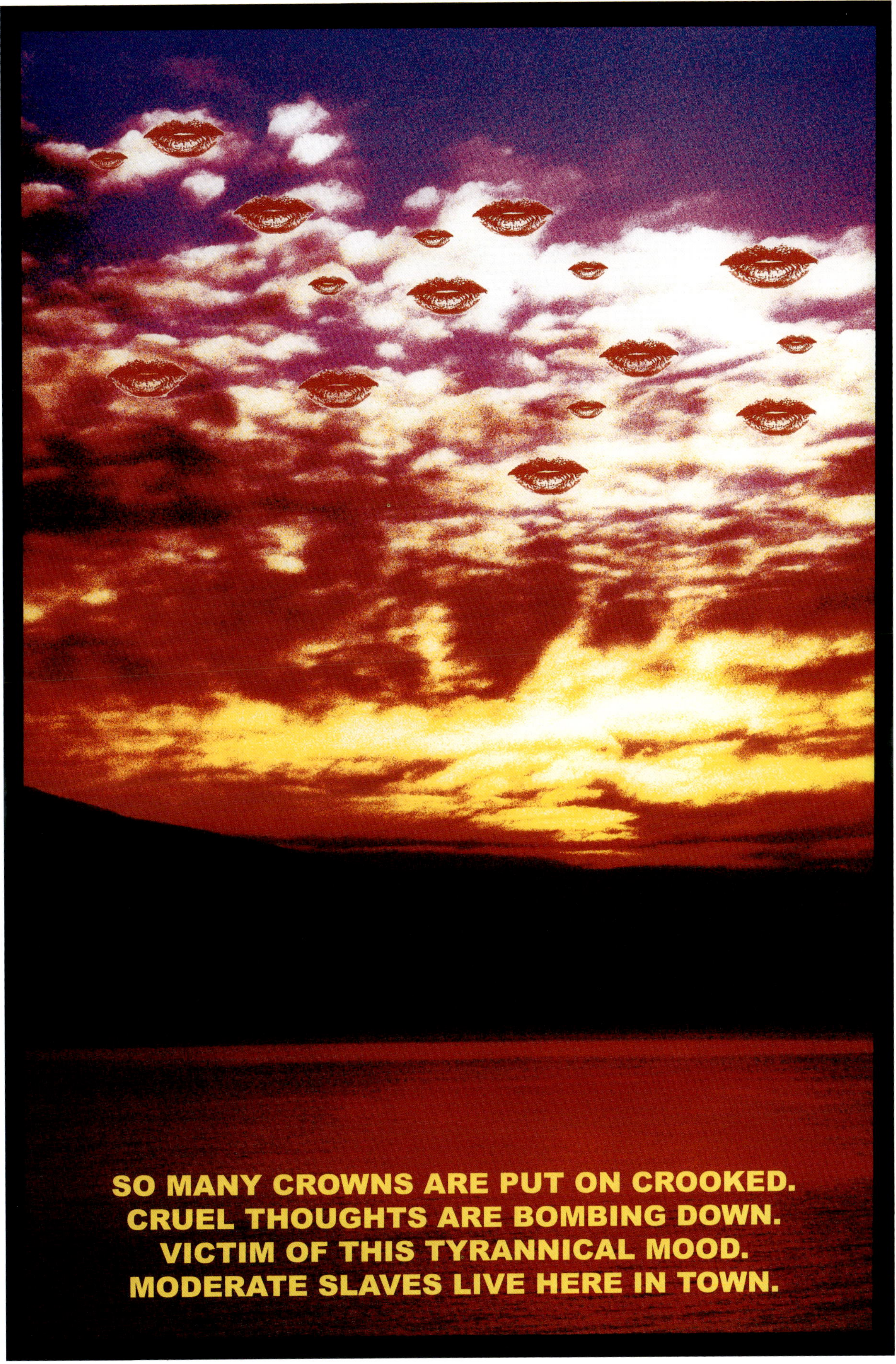

SO MANY CROWNS ARE PUT ON CROOKED.
CRUEL THOUGHTS ARE BOMBING DOWN.
VICTIM OF THIS TYRANNICAL MOOD.
MODERATE SLAVES LIVE HERE IN TOWN.

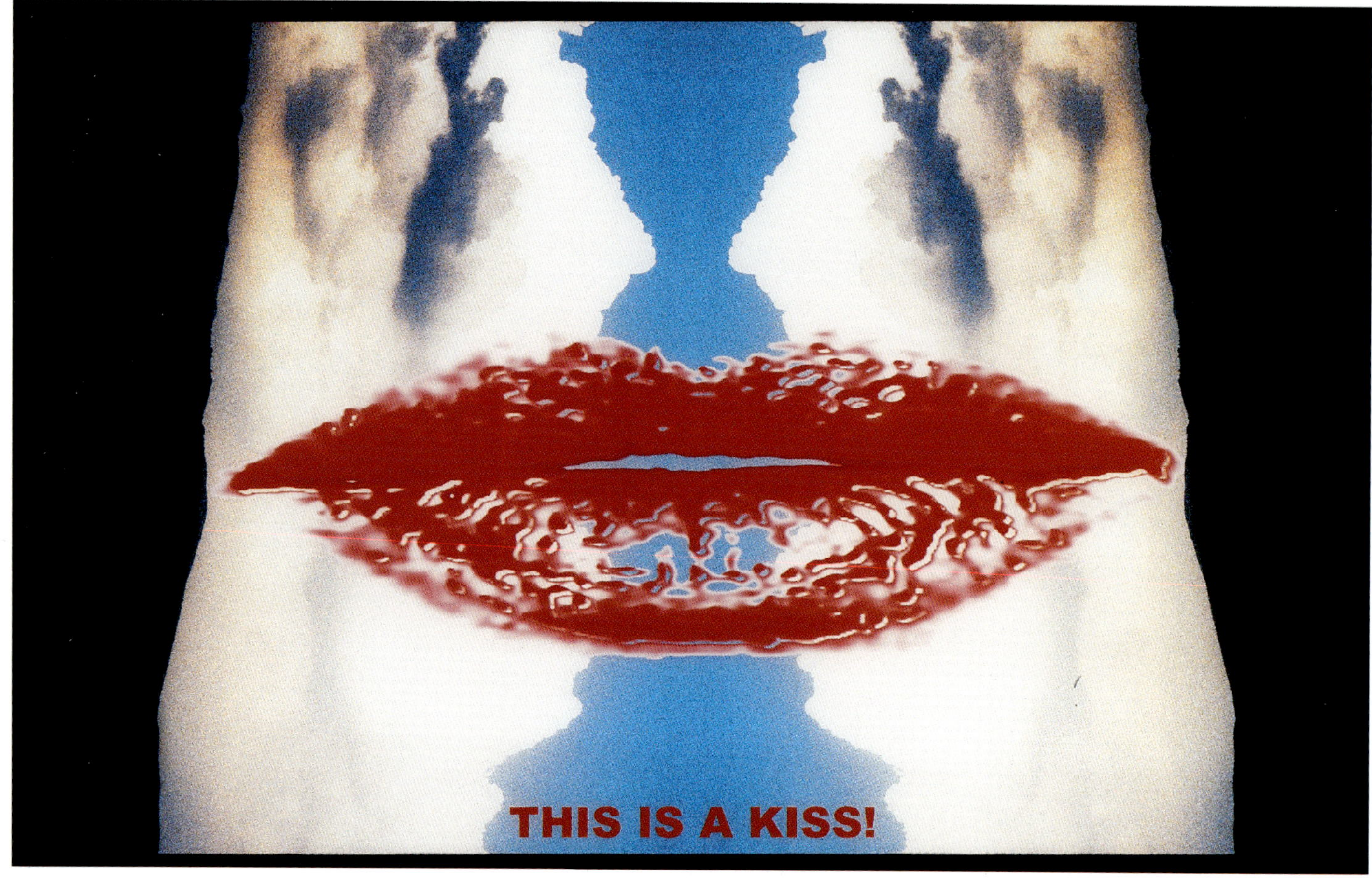
THIS IS A KISS!

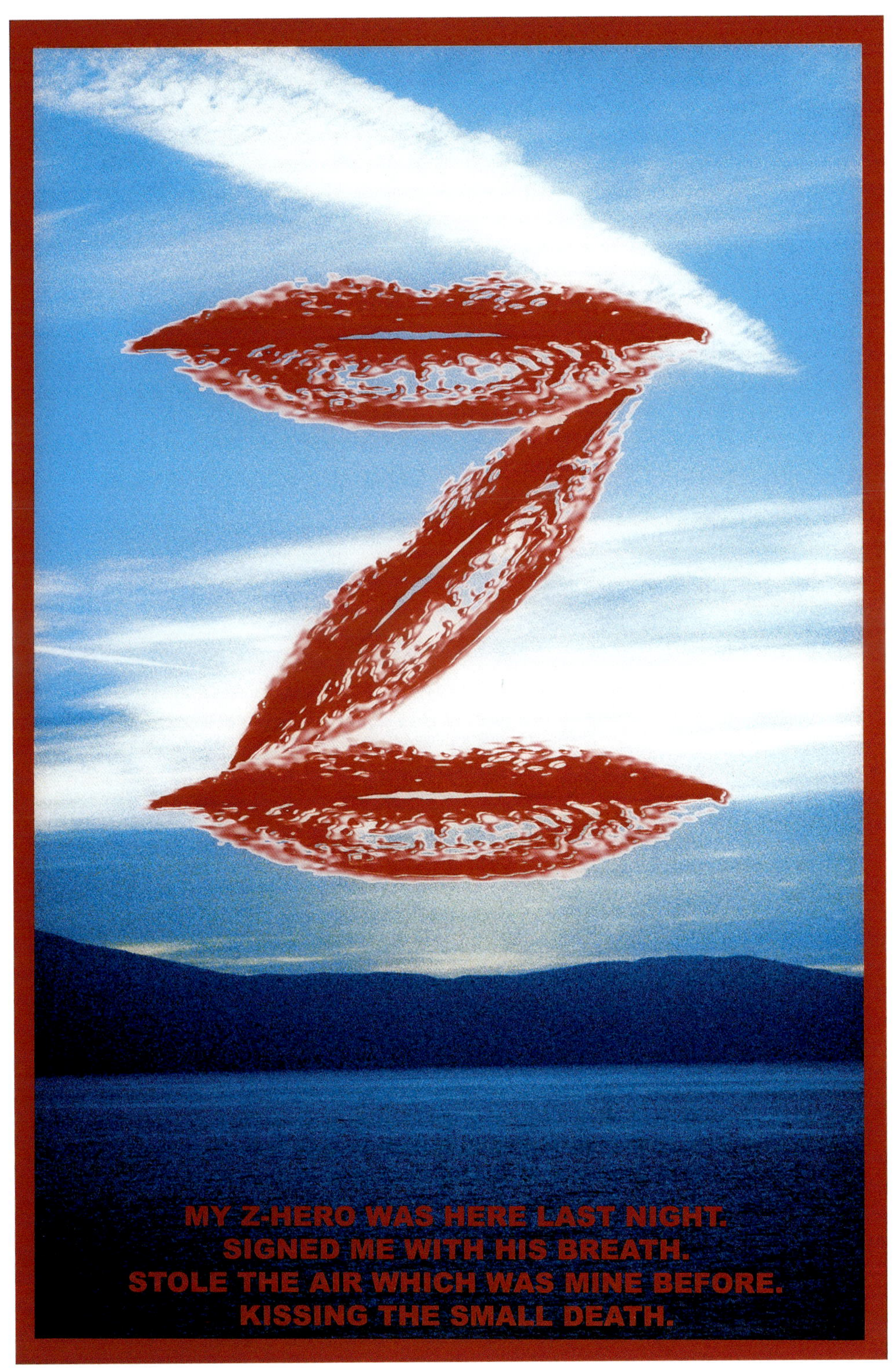
MY Z-HERO WAS HERE LAST NIGHT.
SIGNED ME WITH HIS BREATH.
STOLE THE AIR WHICH WAS MINE BEFORE.
KISSING THE SMALL DEATH.

Shave the War, 2001
acrilico su tela/acrylic on canvas
80 x 120 cm
p. 34

Swiss Flag, 2001
tecnica mista su tela/mixed media
on canvas
80 x 120 cm
p. 35

Austrian Flag, 2001 (tratto da/
taken from *Bruciante Segreto*
di/by Stefan Zweig)
tecnica mista su tela/mixed media
on canvas
120 x 160 cm
p. 36

Lebanese Flag, 2001 (tratto
da/taken from *Quando l'amore
chiama, seguilo* di/by Khalil Gibran)
tecnica mista su tela/mixed media
on canvas
100 x 150 cm
p. 37

Israpal, 2001
acrilico su legno/acrylic on wood
23 x 27 cm
p. 38

Shave the War, 2001
acrilico su legno/acrylic on wood
22.5 x 27 cm
p. 39

Cross 1, 2002
tecnica mista su legno/mixed
media on wood
33.5 x 33.5 cm
p. 40

Cross 2, 2002
tecnica mista su legno/mixed
media on wood
33.5 x 33.5 cm
p. 41

Cross 3, 2002
tecnica mista su legno/mixed
media on wood

33.5 x 33.5 cm
pp. 40-41

Language, 2002
tecnica mista su legno/mixed
media on wood
34 x 45 cm
p. 42

Opposites, 2002
tecnica mista su legno/mixed
media on wood
33.5 x 45 cm
p. 43

L.I.F.E., 2001
acrilico su legno/acrylic on wood
38 x 37.5 cm
p. 44

L.I.E.B., 2002
acrilico su legno/acrylic on wood
38 x 37.5 cm
p. 44

Seasuicide, 2002
tecnica mista su legno/mixed
media on wood
33.5 x 33.5 cm
p. 45

The Golden Eight/After Eight, 2002
tecnica mista su legno/mixed
media on wood
39 x 38 cm
p. 45

G8G, 2002
tecnica mista su legno/mixed
media on wood
135 x 132.5 cm
p. 46

The Big Equilibrist, 2003
immagine digitale su legno
telato/digital image on canvas-
reinforced wood
135 x 132,5 cm
p. 47

Think Big, 2002
tecnica mista su legno/mixed

media on wood
68 x 89 cm
p. 48

Kings of Silic, 2002
tecnica mista su legno/mixed
media on wood
68 x 89 cm
pp. 48-49

The Least, 2002
tecnica mista su legno/mixed
media on wood
67.5 x 88.5 cm
pp. 48-49

1001 Nights, 2002
tecnica mista su legno/mixed
media on wood
68 x 89 cm
p. 49

Knesset And Kefiah (Arafat), 2003
tecnica mista su legno/mixed
media on wood
68 x 89 cm
p. 50

Knesset And Kefiah (Sharon), 2003
tecnica mista su legno/mixed
media on wood
68 x 89 cm
p. 50-51

An Eye for an Eye (Palestine),
2003
tecnica mista su legno/mixed
media on wood
68 x 89 cm
p. 50-51

An Eye for an Eye (Israel), 2003
tecnica mista su legno/mixed
media on wood
68 x 89 cm
p. 51

Sale 3 x 2, 2002
tecnica mista su legno/mixed
media on wood
84.5 x 89 cm
p. 52

...As Cows..., 2002
tecnica mista su legno/mixed
media on wood
84.5 x 89 cm
p. 53

Red Monuments, 2002
tecnica mista su legno/mixed
media on wood
68 x 89 cm
p. 54

Blue Monuments, 2002
tecnica mista su legno/mixed
media on wood
68 x 89 cm
p. 55

Secret Code of Ties (Bush), 2003
tecnica mista su legno/mixed
media on wood
68 x 89 cm
p. 56

Secret Code of Ties (Hussein),
2003
tecnica mista su legno/mixed
media on wood
68 x 89 cm
p. 57

Einstein etc., 2002
tecnica mista su legno/mixed
media on wood
33.5 x 45 cm
p. 58

Einstein in, 2002
tecnica mista su legno/mixed
media on wood
33.5 x 45 cm
p. 59

Towervoices B, 2003
tecnica mista su legno/mixed
media on wood
33.5 x 33.5 cm
p. 60

Towervoices Numbers, 2001
tecnica mista su legno/mixed
media on wood

33.5 x 33.5 cm
p. 60

Towervoices, 2001
tecnica mista su legno telato/mixed
media on canvas-reinforced wood
135 x 132.5 cm
p. 61

Baby Lon(g), 2001
tecnica mista su legno/mixed
media on wood
84.5 x 89 cm
p. 63

Baby Lon(g)'s Nightmare, 2001
tecnica mista su legno/mixed
media on wood
84.5 x 89 cm
p. 64

Baby Lon(g)'s Battle, 2001
tecnica mista su legno/mixed
media on wood
84.5 x 89 cm
p. 65

You Are So Blue, 2003
tecnica mista su legno telato/
mixed media on canvas-reinforced
wood
106 x 65.8 cm
p. 66

Shake the Rainbow, 2003
tecnica mista su legno telato/mixed
media on canvas-reinforced wood
135 x 132.5 cm
p. 67

H.E.L.P., 2003
tecnica mista su legno telato/mixed
media on canvas-reinforced wood
(4 pezzi)
84.5 x 66.5 cm (H/P), 84.5 x 44.2
cm (E/L)
pp. 68-69

H.O.P.E., 2004
tecnica mista su legno telato/mixed
media on canvas-reinforced wood
(4 pezzi)

ciascuno/each 84.5 x 66.5 cm
pp. 70-71

Democra(z)y Books, 2002
tecnica mista su legno/mixed
media on wood
135 x 132.5 cm
p. 72

Lima and Kelli, 2003
tecnica mista su legno telato/mixed
media on canvas-reinforced wood
135 x 132.5 cm
p. 73

Red Co2, 2003
tecnica mista su legno telato/
mixed media on canvas-reinforced
wood
135 x 132.5 cm
p. 74

45. *Blue Co2*, 2003
tecnica mista su legno telato/
mixed media on canvas-reinforced
wood
135 x 132.5 cm
p. 75

Red Eco (Fire), 2004
tecnica mista su legno telato/mixed
media on canvas-reinforced wood
68 x 89 cm
p. 76

Blue Eco (Flooding), 2004
tecnica mista su legno telato/mixed
media on canvas-reinforced wood
68 x 89 cm
p. 76

Yellow Eco (Electrosmog), 2004
tecnica mista su legno telato/mixed
media on canvas-reinforced wood
68 x 89 cm
p. 77

Green Eco (Earthquake), 2004
tecnica mista su legno telato/mixed
media on canvas-reinforced wood
68 x 89 cm
p. 77

One, One, John (Cross), 2002
tecnica mista su tela/mixed media
on canvas
40 x 40 cm
p. 78

Shell, 2002
tecnica mista su tela/mixed media
on canvas
100 x 100 cm
p. 79

Japanese Flag, 2001
tecnica mista su tela/mixed media
on canvas
100 x 100 cm
p. 80

Star, 2002
tecnica mista su tela/mixed media
on canvas
100 x 100 cm
p. 81

One, One, John (Point), 2002
tecnica mista su tela/mixed media
on canvas
40 x 40 cm
p. 82

One, One, John (Heart), 2002
tecnica mista su tela/mixed media
on canvas
40 x 40 cm
p. 83

One, One, John (Triangle), 2002
tecnica mista su tela/mixed media
on canvas
40 x 40 cm
p. 83

Red Lips: I'm the Thought, 2003
immagine digitale su legno
telato/digital image on canvas-
reinforced wood
68.8 x 105.6 cm
pp. 84-85

Pink Lips: Drive Your Body, 2003
immagine digitale su legno
telato/digital image on canvas-

reinforced wood
34.4 x 52.8 cm
p. 86

Blue Lips: Ogm Brains, 2003
immagine digitale su legno
telato/digital image on canvas-
reinforced wood
68.8 x 105.6 cm
p. 86

Violet Lips: I Am As I, 2003
immagine digitale su legno
telato/digital image on canvas-
reinforced wood
34.4 x 52.8 cm
p. 87

Green Lips: Exxxtasy, 2003
immagine digitale su legno
telato/digital image on canvas-
reinforced wood
68.8 x 105.6 cm
p. 87

Red Lips: Burt Has Heard, 2003
immagine digitale su legno
telato/digital image on canvas-
reinforced wood
68.8 x 105.6 cm
p. 88

Red Lips: Hidden Sex on Internet,
2003
immagine digitale su legno
telato/digital on canvas-reinforced
wood
68.8 x 105.6 cm
p. 88

Red Lips: Twist the Tongue, 2003
immagine digitale su legno
telato/digital image on canvas-
reinforced wood
68.8 x 105.6 cm
pp. 88-89

Red Lips: The Rich Man's Philosophy,
2003
immagine digitale su legno
telato/digital image on canvas-
reinforced wood

68.8 x 105.6 cm
p. 89

*Red Lips: Mr. Stress Is My Best
Friend*, 2003
immagine digitale su legno
telato/digital image on canvas-
reinforced wood
68.8 x 105.6 cm
p. 89

Blue Lips: All Idealist Will Die, 2003
immagine digitale su legno
telato/digital image on canvas-
reinforced wood
51.6 x 79.2 cm
p. 90

Blue Lips: Your Precious Tip, 2003
immagine digitale su legno
telato/digital image on canvas-
reinforced wood
51.6 x 79.2 cm
pp. 90-91

Blue Lips: In or Out, No More Doubt,
2003
immagine digitale su legno
telato/digital image on canvas-
reinforced wood
34.4 x 52.8 cm
pp. 90-91

*Blue Lips: Your Silence Is a
Symphony*, 2003
immagine digitale su legno
telato/digital image on canvas-
reinforced wood
51.6 x 79.2 cm
pp. 90-91

*Blue Lips: The Slogan of Our Beauty-
Farm*, 2003
immagine digitale su legno
telato/digital image on canvas-
reinforced wood
51.6 x 79.2 cm
p. 91

Green Lips: Words Wrestling, 2003
immagine digitale su legno
telato/digital image on canvas-

reinforced wood
51.6 x 79.2 cm
p. 92

Green Lips: Hallo Kate! Give Me the Date, 2003
immagine digitale su legno telato/digital image on canvas-reinforced wood
51.6 x 79.2 cm
pp. 92-93

Green Lips: a Discoparty in Disguise, 2003
immagine digitale su legno telato/digital image on canvas-reinforced wood
34.4 x 52.8 cm
pp. 92-93

Green Lips: With an Sms, 2003
immagine digitale su legno telato/digital image on canvas-reinforced wood
51.6 x 79.2 cm
pp. 92-93

Green Lips: Your Flower Breath, 2003
immagine digitale su legno telato/digital image on canvas-reinforced wood
51.6 x 79.2 cm
p. 93

Coloured Eyes: I Am 2, 2003
tecnica mista su legno telato/mixed media on canvas-reinforced wood
4 pezzi
ciascuno 40 x 45 cm
pp. 94-95

The True Lipser, June 21, 2003
tecnica mista su legno telato/mixed media on canvas-reinforced wood
105.6 x 68.8 cm
p. 97

81. *The True Lipser*, June 26, 2003
tecnica mista su legno telato/mixed media on canvas-reinforced wood
105.6 x 68.8 cm
p. 98

The True Lipser, February 12, 2003
tecnica mista su legno telato/mixed media on canvas-reinforced wood
105.6 x 68.8 cm
p. 99

Morningdiary 1, 2004
fotografia/photograph
68.8 x 105.6 cm
p. 101

Morningdiary 2, 2004
fotografia/photograph
68.8 x 105.6 cm
p. 102

Morningdiary 3, 2004
fotografia/photograph
68.8 x 105.6 cm
p. 103

Morningdiary 4, 2004
fotografia/photograph
68.8 x 105.6 cm
pp. 104-105

Morningdiary 5, 2004
fotografia/photograph
68.8 x 105.6 cm
p. 106

87. *Morningdiary 6*, 2004
fotografia/photograph
105.6 x 68.8 cm
p. 107

Morningdiary 7, 2004
fotografia/photograph
105.6 x 68.8 cm
p. 108

Morningdiary 8, 2004
fotografia/photograph
105.6 x 68.8 cm
p. 109

Morningdiary 9, 2004
fotografia/photograph
105.6 x 68.8 cm
p. 110

Morningdiary 10, 2004
fotografia/photograph
68.8 x 105.6 cm
p. 111

CI SONO MOLTE COSE CHE,
SENZA NEPPURE ACCORGERVENE,
POTETE SCAMBIARE
PER LA VOSTRA IDENTITÀ:
IL CORPO, LA RAZZA, LE CREDENZE,
I PENSIERI.

(JACK KORNFIELD)

THERE ARE MANY THINGS THAT,
WITHOUT EVEN REALIZING IT,
YOU CAN MISTAKE
FOR YOUR OWN IDENTITY:
YOUR BODY, RACE, BELIEFS,
THOUGHTS.

(JACK KORNFIELD)

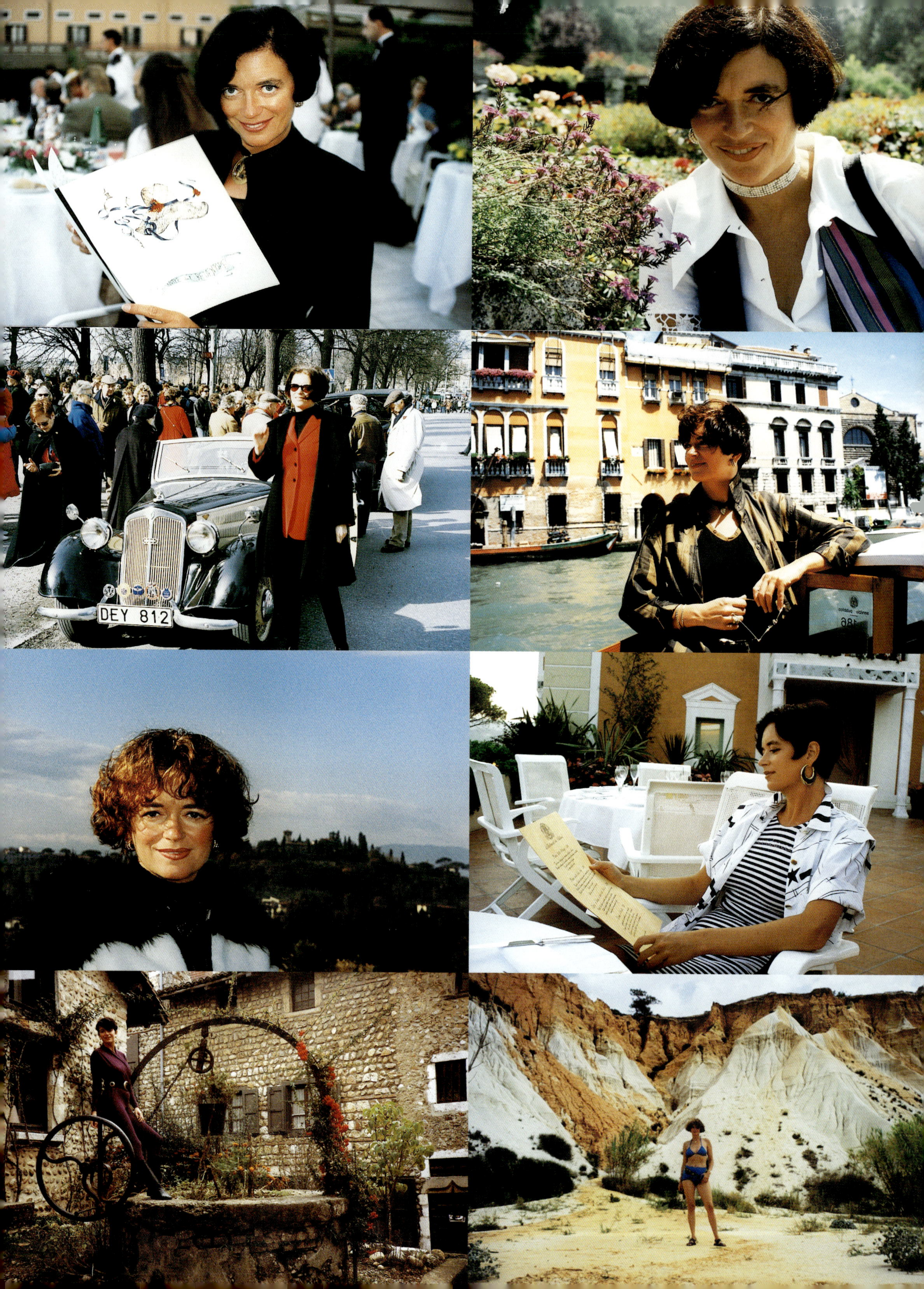

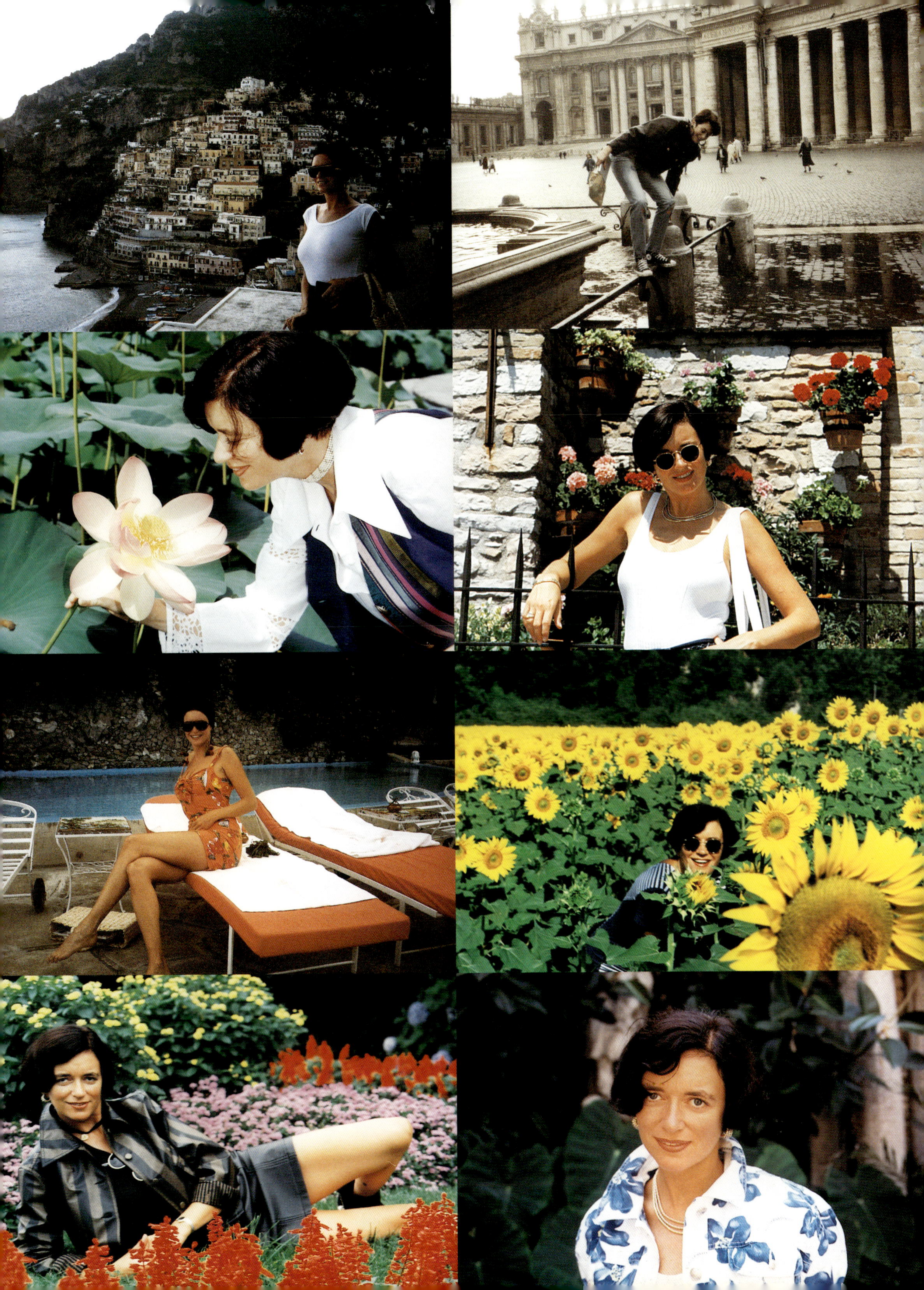

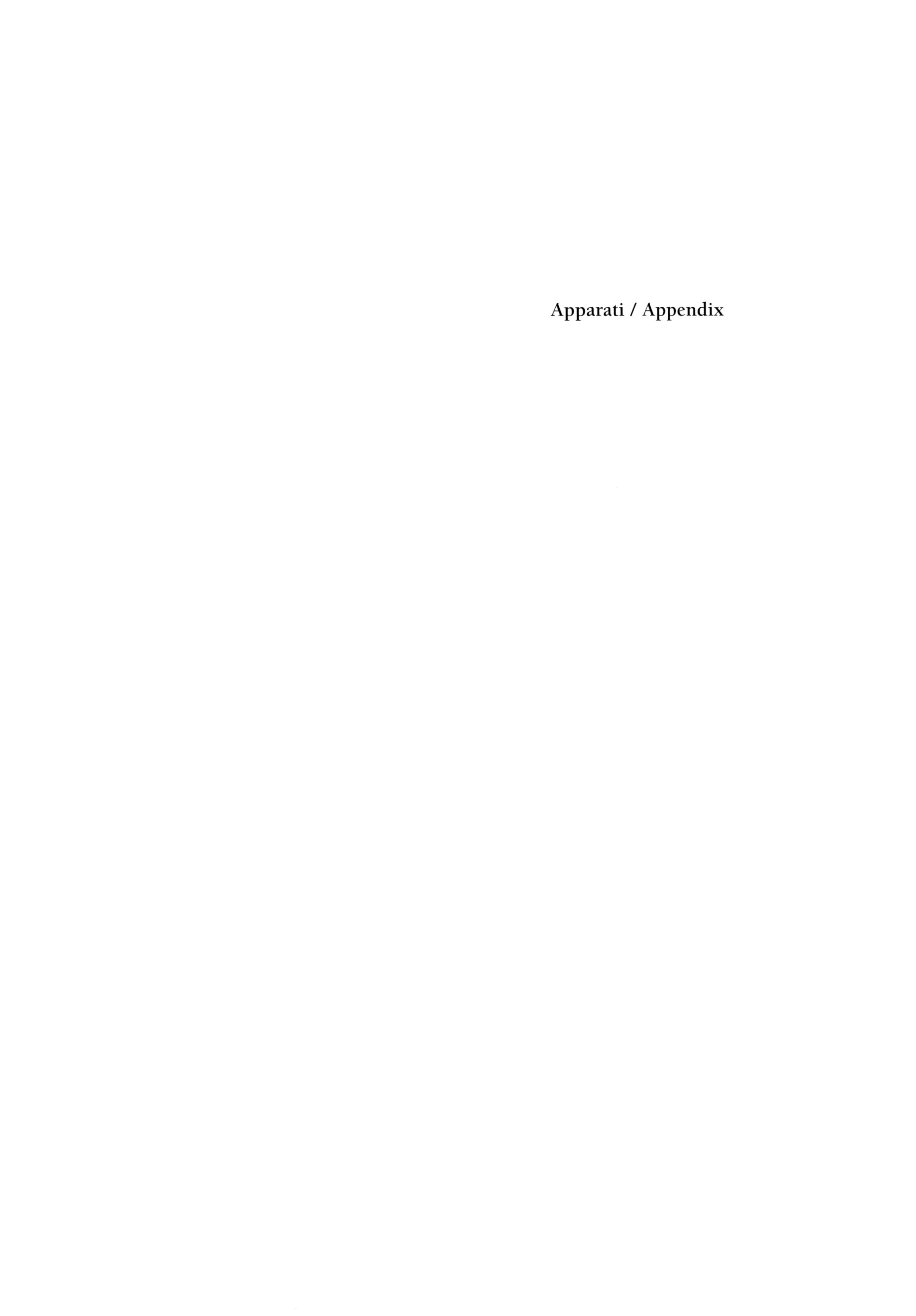

Apparati / Appendix

Chiariamo subito una cosa! Io non sono una scrittrice. E non sono nemmeno italiana. Ma vi voglio raccontare la mia storia nella lingua con cui ormai ho cominciato anche a sognare. Dopo quattordici anni nel *Bel Paese* era da prevedere che anche l'inconscio avesse cambiato bandiera. Dal bianco-rosso CH, ecco, l'elvetica trasformata in Tricolore. Che sintesi!

Una conquista personale raggiunta non so neanche io come. Mi sono sempre divertita moltissimo in tutte le cose e ho affrontato la vita come se fosse un puro gioco. Quando trovavo degli ostacoli sul percorso, per qualche istante potevo anche esserne disturbata, ma poi prendevo le difficoltà come sfide. Potevo perdere una battaglia, ma durante delle ritirate momentanee mi rafforzavo lo spirito e affrontavo la lotta con energia nuova perché non credevo nelle sconfitte. Però sottoscrivo subito, sussurro a bassissima voce: penso di essere mol(lll)to fortunata!

Vivo in un piccolo porticciolo sul lago di Garda. Un luogo nascosto che spesso neanche la gente della zona conosce. Questo piccolo paradiso appartiene per la maggior parte dell'anno a poche persone e quasi tutte hanno superato i sessanta. Quando sono arrivata qui avevo ventotto anni. Forse è anche per questo che dall'inizio del mio arrivo venivo guardata con un po' di curiosità se non addirittura con sospetto. Potete immaginare: venivo da Milano con uno spirito cittadino, indipendente nel pensare e nel fare. Durante una serata in pizzeria, con una mia carissima amica, ho sentito un gruppo di persone del posto bisbigliare sul mio conto e ho capito una frase dialettale bresciana del tipo: "Le l'è la matta del port".

La mia famiglia d'origine
Mio padre è nato sotto il segno del cancro, mia madre dello scorpione e io dei pesci: un vero triangolo di acqua e di emozioni. Sono la più grande di quattro fratelli e da loro venivo considerata il terzo genitore. Avevo già da bambina un gran senso di responsabilità (forse anche troppo, per quello i miei fratelli spesso mi chiamavano "Noergeltante", zia che "rompe"…)

Sono nata a Einsiedeln il 14 marzo (Einstein è nato nello stesso giorno). Einsiedeln: luogo di pellegrinaggio per "La Madonna Nera". Il posto è famoso anche per Paracelso e per la rappresentazione, ogni cinque anni, dello spettacolo *Il Teatro del Mondo* di Calderón de la Barca.

Il pane non ci mancava mai perché mio padre faceva il panettiere. Lui era molto creativo nel suo lavoro e amava il calore dei suoi forni e il profumo del suo prodotto. Mia madre ancora oggi si alza tutte le mattine alle quattro e venti per organizzare la giornata. Non le manca mai il sorriso quando entra nel suo negozio e tratta in modo uguale tutti i clienti, dal bambino che compra un "Weggli" all'adulto delle grandi spese. Molte persone anziane vanno a comprare il loro pane quotidiano lì perché in lei trovano quel gesto di calore umano in più. Come nel caso di una signora che soffre di una forte artrite alle mani e che quindi non riesce a tagliare il pane: sa che su mia madre può contare.

Il Libano e la Repubblica di Santo Domingo, attraverso i matrimoni dei miei fratelli, hanno riportato dopo centocinquanta anni lo spirito esotico in famiglia. Nell'Ottocento i miei bisnonni paterni hanno dovuto prendere dimora fissa e cambiar nome dopo un passato di viaggianti; il bisnonno era andaluso, la bisnonna veniva dalla Transilvania.

Studio e Lavoro, Formazione e Trasformazione
Ho insegnato e imparato per sei anni nelle scuole elementari a Kuessnacht am Rigi (Cantone di Svitto). Contemporaneamente ho frequentato il corso di scultura in legno all'Accademia di Belle Arti a Lucerna.

La forte attrazione per la moda mi spingeva verso un nuovo studio e così mi sono trasferita a Milano, dove ho potuto ben presto inserirmi nell'ambiente. Alla fine ho capito che la passione per l'abbigliamento era passeggera e non mi dava la soddisfazione che mi aspettavo. Sempre di più capivo che sì, dovevo lavorare con i colori e con le forme, ma in un modo più profondo, più interiorizzato, meno materialistico. Da Pensatrice-Guaritrice-Trasformatrice; da Sociologa-Papessa. Non erano più i tessuti come cotone, lino, lana o seta che volevo elaborare, ma la struttura sociale nella sua ricchezza di fenomeni. Volevo creare nella mia opera mondi ideali, dove i colori erano brillanti e orgogliosi nella loro diversità. Cercavo del buon

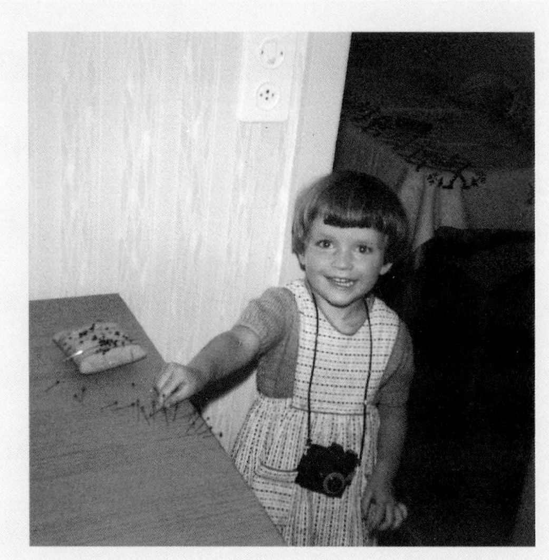

Faccio il fieno/Making hay

terreno mentale fertile sul quale seminare i miei concetti dopo un lungo periodo di studio. Ero pronta a comunicare attraverso l'opera le provocazioni senza timori del giudizio e delle reazioni. "Ammettere colore", "Farbe bekennen", come dicono i Tedeschi. Essere trasparente, pura, sincera, un "giullare" della corte contemporanea!
Continuo a inventare dei giochi anche oggi, dirigendo la realtà in un mondo di fantasia dove tutto è possibile e dove le forme trovano dei rappresentanti in qualsiasi Micro-Macro-Mondo di concetti che si incarnano.

Tutto quello che ho fatto per i gatti (e che farei anche per i topi)
Ho adottato nove gatti randagi (due gatte, sette gattini);
ho tenuto future nascite sotto controllo (il veterinario mi faceva lo sconto per il suo lavoro);
ho fatto arrivare di domenica i vigili del fuoco per salvare, dopo un vano tentativo di salvataggio con tutte le mie lenzuola annodate, un gattino caduto in un dirupo profondo 20 metri, di cui mi ero accorta dato il suo miagolio notturno che mi faceva stare sveglia. Per caso quella domenica si svolgeva la maratona del lago, i marciapiedi erano pieni di pubblico e tutti volevano sapere dov'era l'incendio!!!
Ho portato dal veterinario, percorrendo in estate strade con un traffico intensissimo, un gattino di un mese, avvolto in un tovagliolo, dopo un suo sfortunato sonnellino sull'asse della ruota posteriore di un'auto ferma, che a un certo punto si è messa in moto. Il gattino non è riuscito a scendere e nonostante la sua grande forza fisica e la respirazione artificiale effettuata dal veterinario i suoi polmoni da "neo-gatto" non hanno retto.

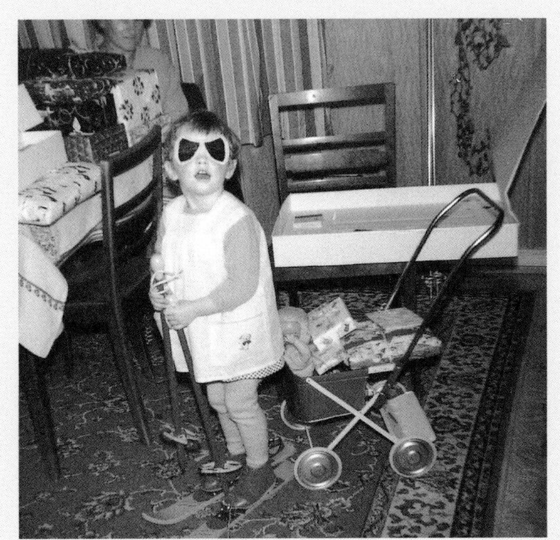

Scio nei salotti/Skiing in the living rooms

Penso di appartenere a quelle poche persone che, quando trovano un topo ferito per strada, lo portano dal veterinario!
Oggi mi è rimasta una gatta soltanto: la mia "Bicinì". Qualcuno dice che lei ha vinto alla lotteria con me. Io dico che vale il contrario.

I fiori sono sempre colorati
Per fortuna!
È così che accarezzo la terra, ringraziandola.
Tolgo l'erbaccia dai cactus, non potendo evitare che qualche spina nemica mi aggredisca.
Il profumo delle rose mi tenta, mentre sento il vento mosso dal volo dei cigni.
Quest'anno le mie lantane hanno fatto ingelosire il giardiniere più esperto.
Le foglie d'ortensie ingiallite gridano a Marte: "Sputa il tuo ferro rosso dentro di noi".
Blue gardenia, ti sto aspettando anche oggi, piango per la tua assenza.
Quest'estate raggiungeranno il muro in cima alla statale le buganvillee, quelle tropicali non si sono ancora ambientate completamente.
Il gelsomino, con la sua fragranza seducente, mi fa dimenticare la nostalgia per le azalee appena sfiorite.
Presto andranno in fiore anche gli oleandri.
È arrivato ora il momento per la raccolta dei capperi e il giardino ha una sete da spugna.
Alleggerisco il caco a metà dei suoi fiori, per avere frutti più grandi in novembre.
Il giardino, vero contatto con la materia attraverso i quattro elementi, mi trasmette le sue saggezze.
Mi allarga i sensi. Mi mette in equilibrio.

Alpha-Beta degli affetti
Alejandrina: nipotina; *Battista*: fornitore schermi tv; *Claudia*: amica gardesana; *Christoph*: mio fratello Elvis; *Diana*: il caffè della domenica; *Dino*: Pigmalione; *Emil*: mio padre; *Fatimeh*: nipotina; *Gabriella*: tre, il numero della perfezione; *Halima*: nuovo nome di mia sorella Astrid; *Itani*: cognome di mio cognato; *Jeremias*: nipotino; *Karim*: nipotino; *Loda*: cognome di una grande scrittrice da sposata; *Matteo*: Computerfreak; *Mueller*: mio cognome originale; *Nuria*: nipotina; *Oma*: per "Grossmutti"; *Pirmin*: mio fratello alto 196 cm; *Pius*: nonno materno, *"Quelle"*: la solitudine come sorgente; *Rosmarie*: mia madre; *Saria*: nipotina; *Telefono*: indispensabile; *Uno*: Dio; *Victor* e *Victoria*: nipote acquisito e cognata; *Wanderlust*: tutte le persone che ho incontrato nella mia vita; *X*: l'anno della mia nascita; *Y*: il pezzo del mio legno iniziatico per Yin e Yang; *Zuerich*: il cantone dove vivono i miei.

Let's just make one thing clear! I am not a writer. And I am not even Italian. But I want to tell my story in the language I have even begun to dream in. After fourteen years in Italy it was inevitable that even the unconscious mind would change allegiances: from the red and white Swiss flag to the tricolor. What a synthesis!

It has been a personal victory that I often find hard to believe myself. I have always enjoyed everything I do and I have dealt with life as though it were a mere game. Whenever I found obstacles along the way I may have been bothered by them for a few seconds, but then I took on problems as challenges. I could lose a battle, but during the temporary withdrawals my spirit was strengthened and I faced the struggle with fresh energy because I didn't believe in defeats: However, I confess in a whisper: I think I am very (very) lucky!

I live in a small harbor on Lake Garda. A hidden place that often even the locals don't know about. This small paradise belongs for most of the year to a handful of people and almost all of them are over sixty. When I came here I was twenty-eight years old. Perhaps this is partly why, from the moment I arrived, I was regarded with a measure of curiosity, if not downright suspicion. You can imagine how it was. I came from Milan as a city slicker, an independent thinker and doer. During an evening in a pizzeria with a very dear friend of mine I heard a group of locals whispering about me and I understood a phrase in Brescian dialect that was something to the effect of: "That's the crazy woman who lives in the harbor."

My Family
My father is a Cancer, my mother is a Scorpio and I am a Pisces. It is a true triangle of water and emotions. I am the eldest of four siblings and they thought of me as the third parent. Even as a child I had a huge sense of responsibility (perhaps too much, which is why my brothers often called me "Noergeltante," the "nagging" aunt…).

I was born in Einsiedeln on March 14th (Einstein was born on the same day). Einsiedeln, a place of pilgrimage to the "Black Madonna." It is also famous for Paracelsus and for the staging, every five years, of the play *The Theater of the World* by Calderon della Barca.

We were never short of bread because my father was a baker. He was very creative in his work and loved the heat of his ovens and the scent of his product. My mother still gets up every morning at twenty past four to organize the day. She is always smiling when she goes into her shop and treats every customer in the same way, from the child who buys a *Weggli* to the adult who buys a lot. Many elderly people go there to buy their daily bread because they know they'll find that extra warmth in her. Like the lady who suffers from painful arthritis in her hands and cannot slice bread: she knows she can count on my mother.

Lebanon and the Republic of Santo Domingo have, through my brothers' marriages, brought the exotic spirit back into our family after a one hundred and fifty-year absence. In the 1800s my paternal great-grandparents had to settle down and change their name after a past spent as gypsies. My great-grandfather was Andalusian, my great-grandmother came from Transylvania.

School and Work, Training and Transformation
I taught (and learned) at the primary school at Kuessnacht am Rigi (Canton Schwyz) for six years. At the same time I attended a course in wooden sculpture at the Academy of Fine Arts in Lucerne. The irresistible lure of Fashion persuaded me to begin studying something new, and so I moved to Milan where I soon managed to fit into the community. In the end I understood that my passion for clothing was ephemeral and did not give me the satisfaction I had expected. I increasingly began to realize that I did have to work with colors and shapes, but in a deeper, more internalized and less materialistic way. From Thinker-Healer-Transformer, Sociologist-Papess. It was no longer fabrics like cotton, linen, wool or silk that I wanted to work with, but the social structure and its wealth of phenomena. I wanted to create ideal worlds in my work, where the colors were bright and proud to be different. I was seeking good fertile mental ground in which to sow my concepts after a long period of study. I was ready to be

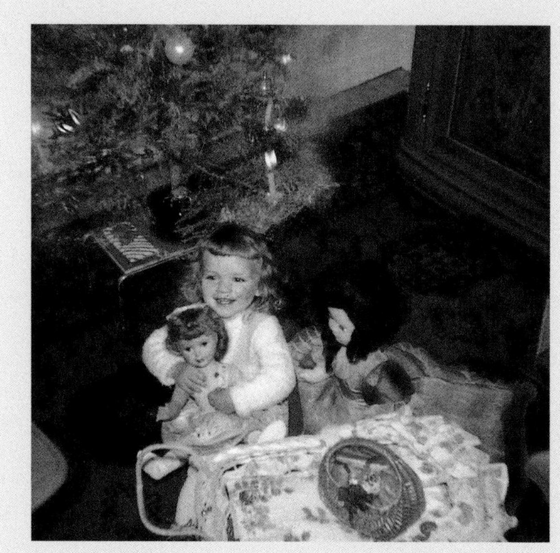

Abbraccio i miei simili/
Hugging my kinds

provocative through my work without fearing judgement and reactions. "Let color in," "Farbe bekennen," as the Germans say. To be transparent, pure, sincere, a contemporary court jester!

I still continue to invent games, directing reality in a world of fantasy where anything is possible and where shapes find their representatives in any Micro-Macro-World of the concepts they embody.

Everything I Have Done for Cats (And What I Would Do for Mice, Too)
I have adopted nine stray cats (two cats, seven kittens);
I have kept future births under control (the vet gave me a discount on the work he did);
after failing to save a kitten that had fallen down a precipice twenty meters deep by knotting all my sheets together (I had realized it was in trouble by its meowing that was keeping me awake), I called the firemen on a Sunday. By coincidence they were holding the Lake Marathon that Sunday; the pavements were crowded with spectators all wanting to know where the fire was!!!;
Traveling along roads jammed with traffic in the summer I took a month-old kitten to the vet, wrapped in a napkin, after he unluckily went to sleep on the tire of the back wheel of a parked car that suddenly began to move. The cat couldn't get down and, despite the artificial respiration performed by the vet and his "neo-cat" lungs, he didn't make it;
I think I belong to that very small group of people who, if they find a wounded mouse along the roadside, take it to the vet!;

Racconto le storie/Telling stories

Now I only have one cat left: my Bicinì. There are those who say she hit the jackpot when she got me. I say it's the other way around.

Flowers Are Always in Color
Thank goodness!
This is why I caress the earth, thanking it.
I pull the weeds from the cactus, failing to escape getting pricked by a hostile needle.
The perfume of roses tempts me, while I feel the wind created by the flight of swans.
This year my lantanas have been the envy of the most expert gardeners.
The yellowing hydrangea flowers cry out to Mars: spit your red iron into us.
Blue Gardenia, I am still waiting for you. Your absence makes me cry.
This summer the bougainvillea will reach the top of the wall by the road, the tropical plants haven't yet completely acclimatized.
The jasmine, with its seductive fragrance, allows me to forget my nostalgia for the azaleas that have just wilted.
Soon the oleanders will flower, too.
Now the time has come to pick the capers and the garden is parched.
I prune the persimmon tree of half of its flowers, hoping to get bigger fruit in November.
The garden, true contact with matter through the four elements, transmits its wisdom to me.
It opens my senses. It keeps me on an even keel.

ABC of Affections
Alejandrina: niece; *Battista*: videoTV supplier; *Claudia*: friend from Garda; *Christoph*: my brother Elvis; *Diana*: Sunday coffee; *Dino*: Pygmalion; *Emil*: my father; *Fatimeh*: niece; *Gabriella*: 3, the number of perfection; *Halima*: my sister Astrid's new name; *Itani*: my brother-in-law's last name; *Jeremias*: nephew; *Karim*: nephew; *Loda*: married name of a great writer; *Matteo*: computer freak; *Mueller*: my original last name; *Nuria*: niece; *Oma*: for *Grossmutti*; *Pirmin*: my brother who is 196 cm. tall; *Pius*: maternal grandfather; *Quelle*: solitude as source; *Rosmarie*: my mother; *Saria*: niece; *Telephone*: indispensable; *Uno*: God; *Victor* and *Victoria*: acquired nephew and sister-in-law; *Wanderlust*: all the people I have met in my life; *X*: the year of my birth; *Y*: the piece of my esoteric Yin and Yang wood; *Zuerich*: the canton where my parents live.

1990
Stockholm Art Fair, Galleria Cinquetti, Stockholm

1996
Toulouse Art Gallery, Rio de Janeiro
Museum of Modern Art, Hong Kong

1997
Mixed Emotions, Multimedia Arte Contemporanea, Brescia
Portalibri, Multimedia Arte Contemporanea, Brescia

2002
IXx..., Palazzetto dell'Arte, Foggia

2003
Bea – Bop, Museo Nazionale Villa Pisani, Stra, Venezia

2004
Bea – Bop, Swinger Art Gallery, Verona

1984
Kunstszene Schwyz, Kantonale Austellung, Einsiedeln, Schweiz

1987
Innerschweizer Kunstszene, Austellungs – und Festhalle Allmend, Luzern, Schweiz

1990
Albarella Arte, Albarella, Rovigo

1994
Arte in Cammino, Biblioteca Classense, Ravenna
La Scena Muta, Teatro Sociale, Borgomanero, Novara

1995
Artefiera Bologna, Swinger Art Gallery, Bologna
Il Diluvio Immaginale, Pac, Torino
La Caverna Telema(n)tica, Municipio, Vercelli
La Caverna Telema(n)tica, Pac, Torino

1996
Esperienze di Arte a Brescia, Brescia

1997
I Blues delle Notti Sfinite, Multimedia Arte Contemporanea, Brescia
Galleria Bedoli, Viadana, Mantova
Inediti, Multimedia Arte Contemporanea, Brescia

1999
Uno sguardo ... ritroso, Multimedia Arte Contemporanea, Brescia

2000
Seconda Triennale D'Arte Sacra Contemporanea, Lecce

2001
Artisti in galleria, Swinger Art Gallery, Verona

2002
Artefiera di Bologna, Swinger Art Gallery, Bologna
Miart Milano, Swinger Art Gallery, Milano
Le stanze dell'arte, MART, Rovereto

2003
Artefiera Bologna, Swinger Art Gallery, Bologna
Miart Milano, Swinger Art Gallery, Milano

2004
Artefiera Bologna, Swinger Art Gallery, Bologna
Miart Milano, Swinger Art Gallery, Milano
Art - Moscow, Moscow

Bibliografia selezionata / Selected Bibliography

Romana Loda, *I blues delle notti sfinite*, Multimedia Edizioni, Brescia 1997.

Fausto Lorenzi, *Dai sacri monti alla via della luce*, Massetti Rodella Editori, Roccafranca, Brescia 2001.

Giancarlo Calcagni, *Sul lago dorato*, "Arte in", n. 79, giugno/June-luglio/July 2002.

Marzia Ciccola, *L'arte di esistere*, "Kult", maggio/May 2003.

Elena Casotto, *Le stanze dell'arte*, MART, Rovereto, Skira, 2002.

Romana Loda, *Beatriz Millar. Tra erranza e artificio*, Multimedia Edizioni, Brescia 1999.

Per saperne di più su Charta ed essere
sempre aggiornato sulle novità entra in

To find out more about Charta, and to learn
about our most recent publications, visit

www.chartaartbooks.it

Finito di stampare nel mese di settembre 2004
da Tipografia Rumor, Vicenza
per conto di Edizioni Charta